우리 모두는 정신병자다

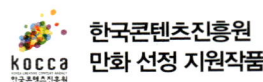
한국콘텐츠진흥원 만화 선정 지원작품

우리 모두는 정신병자다
정신질환을 극복하는 칼 융의 힐링 마인드 스토리

초판 1쇄 발행   2019년 5월 20일
초판 3쇄 발행   2019년 5월 31일

기획   유광남
글   최금락
그림   정재훈, 이시혁
편집   김현재, 정보람
채색   표영필, 조슬기
펴낸이   김상철
발행처   스타북스
등록번호 제300-2006-00104호
주소   서울특별시 종로구 종로1가 르메이에르 1117호
전화   02) 735-1312
팩스   02) 735-5501
이메일   starbooks22@naver.com
ISBN   979-11-5795-458-2 07180

ⓒ 2019 Starbooks Inc.
Printed in Seoul, Korea

- 잘못 만들어진 책은 본사나 구입하신 서점에서 교환하여 드립니다.
  이 책은 저작권법에 의해 보호를 받는 저작물이므로 무단전재와 무단복제를 금합니다.

- 이 도서의 국립중앙도서관 출판예정도서목록(CIP)은 서지정보유통지원시스템 홈페이지(http://seoji.nl.go.kr)와 국가자료공동목록시스템(http://www.nl.go.kr/kolisnet)에서 이용하실 수 있습니다. (CIP제어번호 : CIP2019018585)

본격 심리만화
융 프로젝트

정신질환을 극복하는
칼 융의 힐링 마인드 스토리

우리 모두는 정신병자다

기획 유광남
글 최금락
그림 정재훈
  이시혁

시작하는 글

정신질환을 분석한 융 프로젝트

**의식과 무의식의 세계를 탐구하며 정신분석과
영혼의 지도를 통해 인간의 내면을 들여다 본 심리학의 대가**

정신세계의 무의식과 의식을 탐구하고 실험한 분석심리학의 창시자 칼 구스타프 융은 1875년 스위스 북부에서 개신교 개혁파 목사의 장남으로 태어났다. 융은 목회자인 아버지가 진정한 신이 어떤 존재인지를 모른 채 갈등하고 있다는 사실을 알았고, 그로 인해 융 역시 신을 의심하며 진실이 무엇인지를 찾기 위해 오랜 시간 괴로워했다. 또한 그의 부모님은 갈등으로 인해 한동안 별거를 했는데, 그때의 기억 이후 부모님 사이에 흐르는 미묘한 긴장감과 거리감을 느낀 일도 융에게 정신적인 어려움을 안겨 주었다.

제대로 소통하지 못한 채 성장한 융의 어린 시절은 그에게 인간 정신의 문제에 깊은 관심을 갖도록 했고, 융이 해결하지 못한 모순들은 이후 그를 전문 심리학자의 길로 이끌었다. 자아가 분리된 채 성장한 경험은 융의 평생에 걸친 심리학 연구의 주제가 되었다. 이 내적 분열에 대한 문제를 해결하고자 융은 정신의학, 심리학은 물론 연금술에도 집중하였다.

융의 분석심리학은 자아가 무의식의 여러 측면을 발견하고 통합하는 '무의식

의 자기 실현과정'이다. 정신적으로 건강해지기 위해서는 의식과 무의식이 조화를 이루어야 하지만 개인은 사회생활을 하면서 사회가 원하는 모습, 즉 '페르소나'를 취하게 된다. 이 과정에서 우리의 다른 인격적 측면이 무의식 속에 억압되면 그렇게 억압된 만큼의 보상을 치러야 한다. 이처럼 의식과 무의식의 관계에서 균형이 깨지면 히스테리와 정신질환 같은 문제가 발생한다.

바로 여기가 이 작품의 출발점이다. 현대인의 히스테리와 트라우마, 공황장애와 우울증 등 많은 정신적 질환으로 인해서 벌어지는 이해하기 어려운 이야기들에 대한 원인과 치유를 이해해 보고자 한다.

BTS의 페르소나를 통해 지금 주목받고 있는 정신분석 심리학은 자아는 강하지만 진정한 자기에 대해 모르는 현대인들이 자신의 참모습을 깨닫는 계기가 될 것으로 확신하며 갈수록 심해지는 정신질환의 사고에 대비하고 예방하는 사회적 동기가 되었으면 한다.

"고독은 내 곁에 아무도 없을 때가 아니라
자신에게 중요하게 여겨지는 것을 의사소통할 수 없을 때 온다."

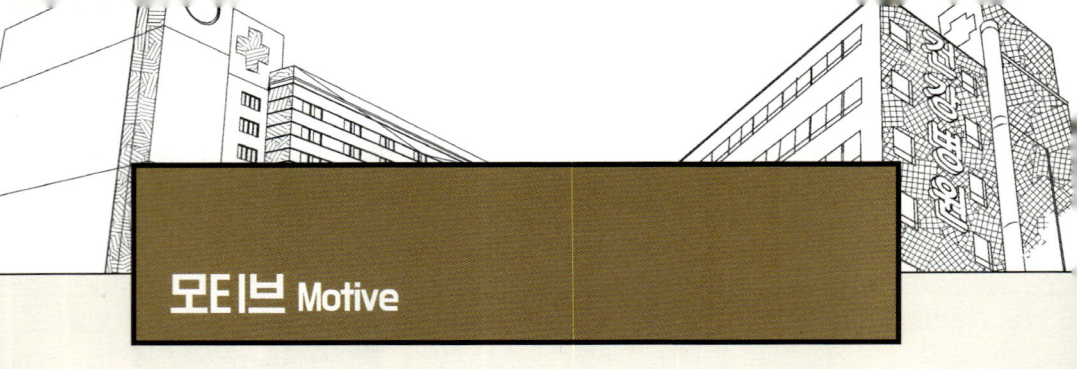

모티브 Motive

　융은 정신과 자연이라는 두 가지 영역의 조화가 가능할지도 모른다는 기대를 품었다. 그는 '정신분열증'이라는 용어를 고안한 정신의학자 오이겐 블로일러 (1857~1939) 밑에서 연구와 치료에 전념했다. 융은 정신질환자를 치료하는 과정에서 기존의 '자유연상' 기법을 개선한 '단어 연상' 기법을 제안해서 주목을 받았고, 아울러 환자가 지닌 고통의 근본 원인이 되는 '다양한 생각의 집합'을 일컫는 '콤플렉스'라는 단어를 고안했다. 오늘날 콤플렉스는 보편적이고 일상적인 용어가 되었지만 콤플렉스는 단순히 '열등감'이란 한마디로 정의하기는 어렵다. 부정과 긍정, 양면의 날선 검이 되기도 하는 콤플렉스는 이 작품을 관통하는 핵심 코드이다.

시놉시스 Synopsis

　교외의 정신병원에 근무하는 융 박사는 다양한 환자를 관찰하고 상담 치료하며 그들에 대한 이야기를 기록으로 남기며 마음의 상처마다 깊은 사연이 봉인되어 있다는 것을 안다.

　이야기는 매회 옴니버스 형식으로 진행되며 환자의 증세에 따른 행동과 숨겨진 이야기들이 주 내용이다.

　사람이 얼마나 상처받기 쉬운 존재인지, 또 가장 좋은 치유 방법은 관심과 사랑이라는 것을 알면서도 각박한 현실은 치유보다 상처를 더욱 깊게 한다.

　융 박사와 함께 인간 심연의 고독과 상처 받은 영혼들을 위로하고자 한다.

　매회마다 융의 심리학적 고찰에 대한 정리와 학계에서 인정받는 그의 이론을 소개하고 넘어간다.

융과 분석심리학

　1913년, 융은 자신의 이론을 '분석심리학'이라고 명명했다. 이는 프로이트의 '정신분석학'이나 블로일러의 '심층심리학'과 대비되는 개념이다. 프로이트가 '개인무의식'의 규명에 열중했다면, 융은 보편적이고 원초적인 차원의 '집단무의식'이 있다고 보았다.

　인간의 마음은 여러 층으로 나뉜다. 우선 의식에 해당하는 자아(나 또는 에고)가 있고, 그 아래에 개인무의식('그림자'가 있는 곳)과 집단무의식('아니마' '아니무스' '원형'이 있는 곳)이 있고, 마음의 맨 한가운데에 바로 '자기'가 있다.

　"융은 걸어 다니는 정신병원이었을 뿐만 아니라, 그 병원의 최고 의사이기도 하다."

　이 작품의 융 박사도 융처럼 영지주의와 연금술의 연구 및 무의식의 본질을 탐색하며 자기 안의 또 다른 인격의 목소리를 듣고, 만다라를 치료의 도구로 응용하기도 한다. 융이 자신의 내면을 깊숙이 들여다보며, 여러 권의 개인적이고 비밀스러운 기록을 남겼듯이 이 작품의 융 박사도 같은 실험을 시도한다.

　의사인 동시에 신비 체험자였던 융은 과학의 방법만으로는 쉽게 규명할 수 없는

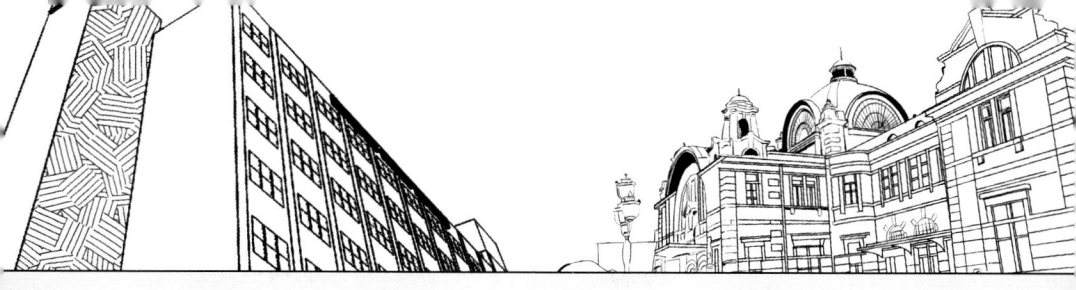

거대한 세계가 인간의 내면에 들어 있다고 확신했다. 과학적으로는 설명이 불가능한 현상에 대해서도 융은 정신의학의 입장에서 최대한 객관적인 해명을 시도했다.

융 박사는 융처럼 아프리카와 인도를 여행하면서 다양한 환자를 접하고 유럽 이외의 문화와 사상에 대한 관심을 넓힌다.

제2차 세계대전 당시에는 미국의 앨런 덜레스를 도와 OSS의 정보원으로 활동했다. 이때 융은 나치 수뇌부의 심리 상태에 대한 분석을 내놓았으며, 특히 히틀러에 대해서는 궁지에 몰릴 경우 자살할 가능성이 있음을 지적했다.

"나의 생애는 무의식의 자기실현의 역사다."

이 유명한 말로 시작되는 자서전은 융의 생애와 이력뿐만 아니라 여러 가지 신비 체험에 대한 증언을 담고 있다.

신을 믿느냐는 질문에 융은 "나는 그분을 믿는 게 아니라, 그분을 압니다"라고 말했다.

융은 묘비명에 이렇게 새겼다.

"부르든 부르지 않든, 신은 존재할 것이다."

　자기실현의 최종 단계인 '자기'는 의식과 무의식이 온전하게 통합된 것을 말하며, 우리의 의식을 일컫는 '자아'보다 더욱 큰 개념이다. 융은 이것을 '자기원형'이라고 불렀으며, 그 궁극의 형태는 신(또는 기독교에서 말하는 하느님)과도 유사한 개념이라고 간주해서 주목을 받았다. 따라서 자기의 영향력이 압도적인 경우에는 사람이 자칫 개인 지상주의나 자아 팽창에 빠져서 결국 과대망상을 품기 쉽다고 지적했다. 그 외에도 융은 "의미 심장한 우연의 일치"를 의미하는 '동시성'이라는 개념을 제안하기도 했다.

　융의 사상 가운데 일반인에게 가장 익숙한 것은 심리학적 유형론이다. 『심리적 유형론』(1921)에서 융은 두 가지 유형(내향성, 외향성)과 네 가지 기능(사고, 감정, 감각, 직관)을 범주로 성격 구분법을 제안했다. 물론 이는 절대적 기준이 아니라 진료의 편의를 돕는 도구에 불과했지만, 상당히 타당성이 있는 것으로 간주되었다. 1921년에 미국의 심리학자인 캐서린 브릭스와 이자벨 브릭스 마이어 모녀가 만들어서 오늘날까지 널리 응용되는 마이어-브릭스 유형지표(MBTI)도 바로 융의 개념을 토대로 한 것이다.

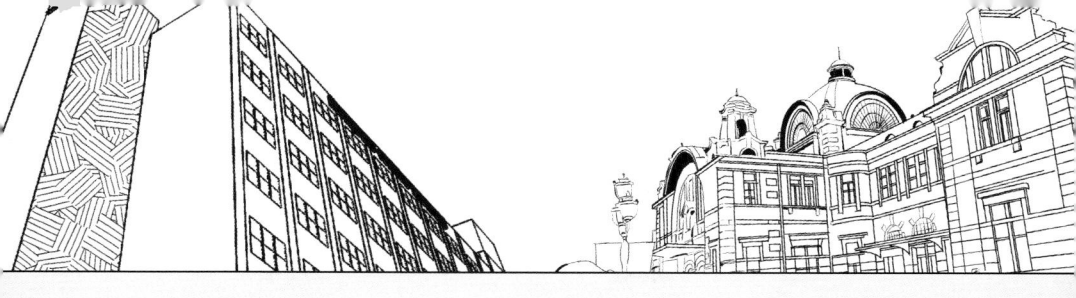

융(앞열 맨 오른쪽)과 프로이트(앞열 맨 왼쪽)

　노벨 문학상 수상자인 헤르만 헤세는 1916년에 처음 융을 만났으며, 그의 대표작인 소설 『황야의 이리』(1927)는 분석심리학의 영향을 크게 받았다. 노벨 물리학상 수상자인 볼프강 파울리는 기계 옆에만 가도 고장을 일으키는 '파울리 효과'의 주인공으로도 유명하다. 파울리는 융보다 25세 연하였지만 오랫 동안 절친한 사이로 지냈으며, 특히 융의 '동시성 이론'에 관심을 갖고 공동 연구를 하기도 했다.

차례

시작하는 글   4
모티브   6
시놉시스   7
융과 분석심리학   8

1화 피해망상   17
persecutory delusion

누군가 자신을 독살하려 한다는 망상에 사로잡혀 불안해하며 자신이 당하기 전에 먼저 상대를 해치려 한다. 언제 죽음을 당할지 모르는 불안에 수시로 유서를 작성하며 자신의 존재의 근원에 대하여 고민한다.

2화 공황장애   39
panic disorder

공황발작과 신경과민의 증상이 반복적으로 나타나는 질환으로 증상은 숨 쉬기가 힘들어지고, 심장이 빨리 뛰고, 가슴 부위에 통증 및 압박감이 오고 현기증이 나고 질식하여 죽어 버릴 것 같거나 미칠 것 같은 느낌이 든다.

3화 신체변형 장애　　　　　89
body dysmorphic disorder

정상적인 용모를 가진 사람이 자기의 용모가 어떤 변형으로 결손이 있다는 생각에 집착하는 장애로 얼굴의 용모(주름살, 부기, 피부의 반점, 안면의 과도한 털 등), 코, 입, 턱, 또는 이마의 모양, 머리, 손, 발, 가슴, 유방, 성기 등의 신체 부위의 모양에 문제가 있다고 생각하여 성형중독에 빠져 헤어나지 못하고 있다.

4화 외상 후 스트레스 장애　　131
post-traumatic stress disorder

폭행, 전쟁, 교통사고, 큰 화재, 홍수나 지진 같은 천재지변 등과 같이 일상적으로 경험할 수 없는 극심한 위협적인 사건을 통해 심리적인 충격을 경험한 환자를 융박사가 최면유도 요법으로 치료를 시도하여 그의 심층 깊은 곳에 다다르자 놀라운 비밀이 새어 나온다.

5화 망상장애(편집증)　　　　183
delusional disorder

흔히 과대망상으로 불리는 망상장애는 쉽게 변하지 않는 잘못된 믿음이 주 증상으로 나타나는 질병이다. 망상은 한 가지만 있을 수도 있고, 여러 개의 망상이 동시에 나타날 수도 있다. 망상은 체계적이며, 일반적으로는 망상이 기괴하거나 특이하지 않다.

6화 해리성 장애　　　　　　　239
dissociative disorder

환자의 전체 인격 중 갈등을 느끼는 감정이나 정신적 에너지의 일부가 떨어져 나와 독립적으로 작용하며 여러 신체적 정신적 증상을 만들어내는 현상을 해리라고 하는데 최근에는 해리성 정체장애와 빙의, 몽환과 귀신 들림, 다중인격 등을 구분해서 사용하고 있다.

7화 우울증　　　　　　　281
depressive disorder

정신병적 우울증은 특별한 심리적인 이유 없이 나타난다. 두뇌의 생물학적 원인에 의해서 발생되며 신경증적 우울증은 심리적인 원인이 있어 발생한다. 환각과 망상 등이 있고 불면, 식욕과 체중의 감퇴, 피로 증가 등 신체적 증상이 나타나 늘 힘들어한다.

8화 세월호 트라우마　　　　　319

세월호 사고는 이익만 추구하는 사주와 관리에 소홀한 당국과 무책임한 선장과 선원들이 만들어 낸 인재이다. 우리 중 누군가 그 배를 탈 수도 있었기에 결코 남의 일, 남의 불행이 아니라 우리 일, 우리 불행이 될 수도 있는 일이었다. 성수대교처럼, 삼풍 백화점처럼······.

융 어록

1 | 인격과 페르소나

삐뚤어진 인격 **344** 유전적 요소 **345** 개성화 **345** 결정적 요인, 의식 **345** 아니무스와 아니마 **346** 의식을 지키는 문지기 **346** 정신에 관한 인식 **347** 애벌레가 나비로 자라듯 **347** 그림자의 지혜 **348** 인격의 발달 **348** 페르소나 페르소나 **349** 괴짜와 천재 **349** 천성적 요인들 **350** 사회의 영향력 **350** 부모의 영향력 **351**

2 | 의식과 무의식

자아의 의식화 허용 여부 **352** 의식에서 확인되지 않는 활동들 **353** 뚜렷한 영감의 뿌리 **353** 예언과도 같은 큰 꿈 **354** 자기인식 = 자기실현 **354** 본능에서 나오는 생명력 **355** 자아에게 인정받지 못한 경험들 **355** 인생의 목표 **356** 상징이 담고 있는 과거와 미래 **356** 무의식을 투사하는 사람 **357** 좌절된 본능을 채우기 위한 시도 **357** 혼란한 시대 **358** 과잉 보상 **358** 억압되어 있는 진심 **359** 정신의 불균형에서 오는 파괴 **360** 개성화는 자율적 과정이다 **361**

3 | 콤플렉스와 트라우마

매력과 혐오의 원형 **362** 콤플렉스 **362** 인습에 사로잡혀 있는 사람들 **363** 절대로 사라지지 않는 것 **363** 어떤 유형과 결혼할 것인가 **364** 아니마와 아니무스의 반란 **364** 본성의 미발달 이유 **365** 팽창된 페르소나 **365** 최고의 우정과 사랑 **366** 성장의 의미 **366** 인생 중반기 적응의 문제 **367** 상황과 기대의 불일치 **367** 교육자의 영향력 **368** 트라우마 **368** 퇴행이 유익한 순간 **369**

4 | 영혼의 과학

태초로부터 물려받은 이미지 **370** 심리 치료의 첫째 목적 **371** 건전하고 안정된 정신 **371** 융의 리비도 **372** 마음의 균형이 깨지는 순간 **372** 사고와 감정 **373** 개인적 가치의 정도 **373** 감각과 직관 **374** 심리학적 '기능'은 태도만큼이나 중요하다 **375** 주요 기능과 보조 기능 **375** 외향적 사고 **376** 내향적 사고 **377** 외향적 감정 **378** 내향적 감정 **378** 외향적 감각 **379** 내향적 감각 **379** 외향적 직관 **380** 내향적 직관 **380** 행동을 결정하고 지배하는 힘 **381** 에너지 보존의 법칙 **382** 인생의 가장 큰 경험 **383**

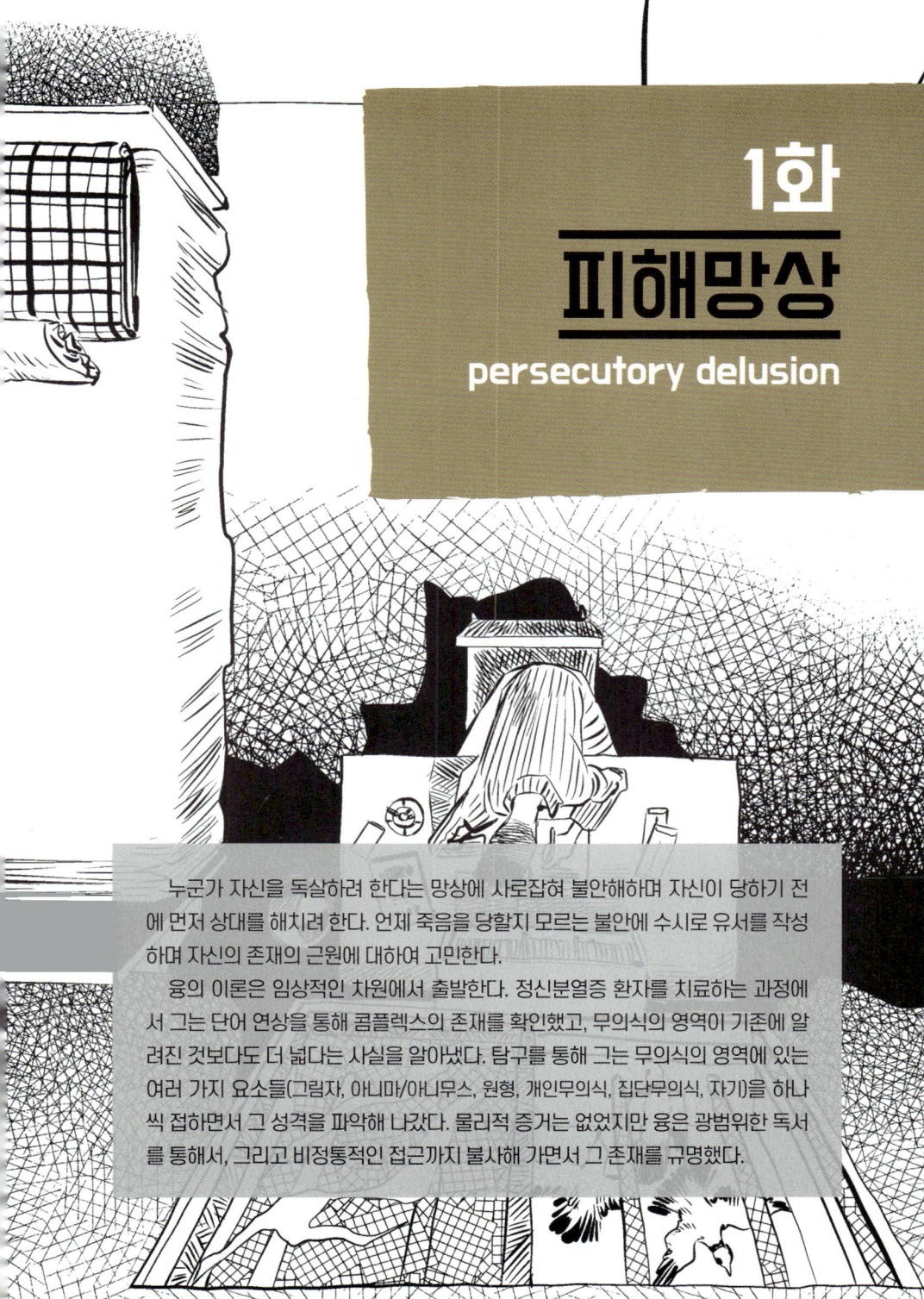

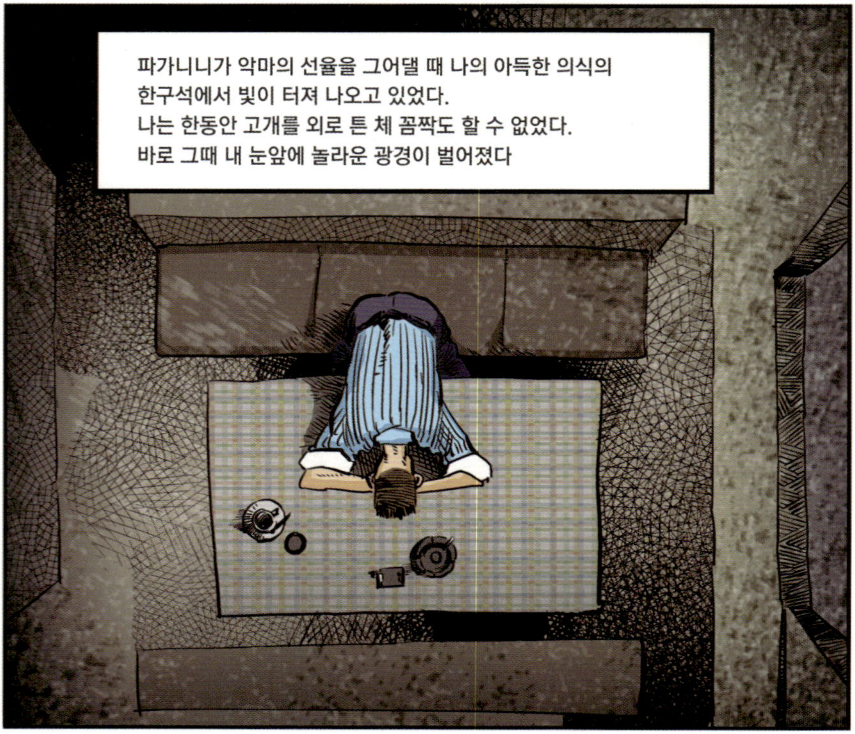

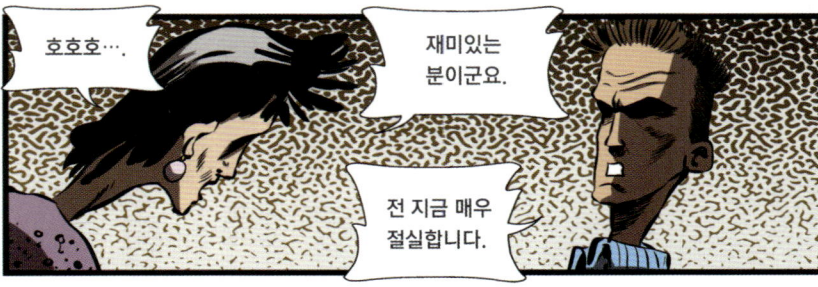

의식의 소멸.

그리고 시간의 소멸.

존재에서 비존재로의 전환.

일종의 피해망상에 시달리고 있는 정신분열증 환자입니다. 저런 경우 완치는 거의… 불가능합니다.

외적으로는 아무 이상이 없는 듯 보이지만 거의 충동적인 발작을 일으키기 때문에 격리 수용을 해 왔던 거지요.

지난주부터 음식물에 독을 넣어 누군가 자신을 독살시키려 한다는 피독망상이 심해서 금식을 하고 있었습니다.

이곳에 온 지 3년 동안 아무 일이 없었는데 오늘 아침 감시가 소홀한 틈을 타서 빠져나간 모양입니다.

환자 넘버 001

누군가 자신을 죽이려고 음식에 독을 탔다고 믿는 피독 망상자.

주위의 일상적인 일이 모두 자신과 관련되어 일어난다고 믿는 관계망상이 원인이다.

상습 유서 환자는 편집장애 환자에게서 흔히 볼 수 있는 증상을 보인다.

사람들이 자신을 속이며 자신을 죽이려 한다고 믿는다.

이 증상은 자신의 적개심이나 불만이 다른 사람에게 투사되어 그들이 자신을 해칠 것이라고 믿기 때문이다.

망상의 형태는 주관적인 경향이 강해 논리적으로 설득되지 않는다.

망상이 계속되면 현실감을 잃어버리고, 설득하면 오히려 망상이 굳어지고 위협적인 행동을 한다.

공황장애

여긴 지옥이야!

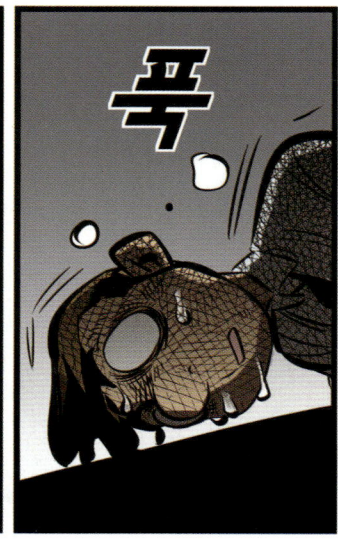

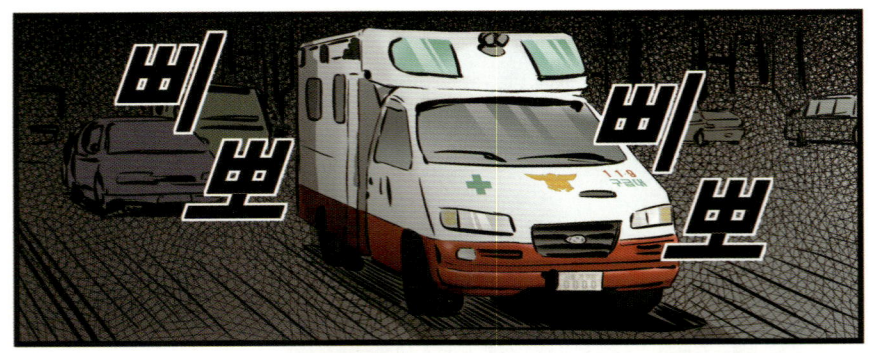
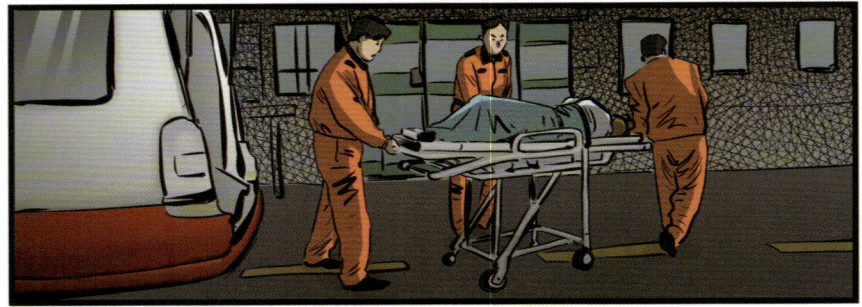

난 이렇게 죽는 건가?

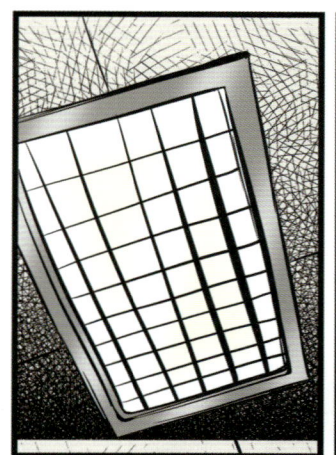
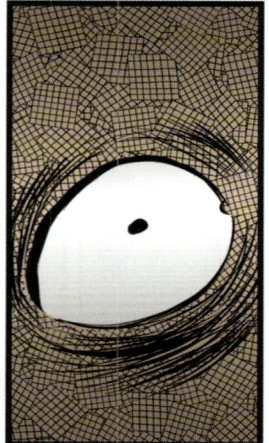

기분이 어떠세요?

혈압, 맥박 모두 정상입니다.
구토와 현기증은 심장 과로로 인한
일시적인 현상인 걸로 보여집니다.

아마도
감정 조율 기능에
잠시 이상이
생긴 듯합니다.

…….

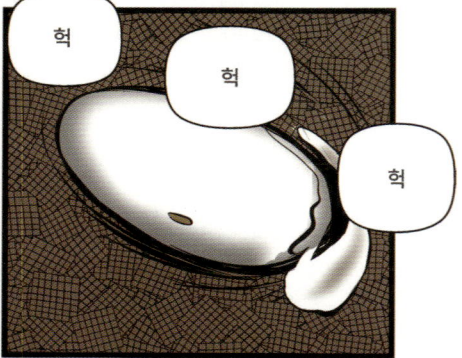

끄으윽

돌팔이 의사 새끼,
이상이 있는 게
이렇게 분명한데……

빌어먹을!
이 숨 막히는 순간에도
타임슬립이라니…….

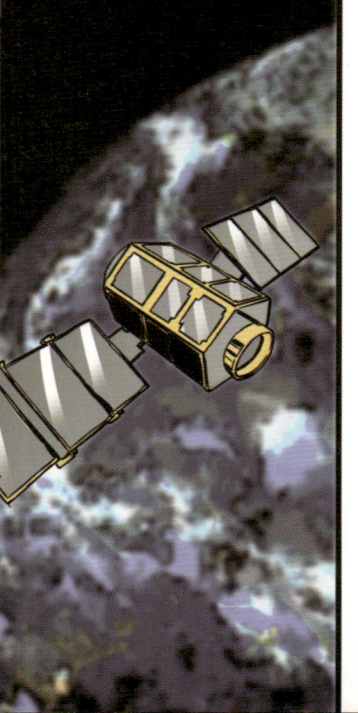

그때 나는 고립무원의 우주선 속에서
그 어디에도 구원은 없다는 절망감을 느꼈고
우주선이 어디든지 불시착하기를 간절히,
아주 간절히 염원했다.

목적지 없는 우주선
끝없는 우주 여행은
끔찍한 공포
그 자체였다.

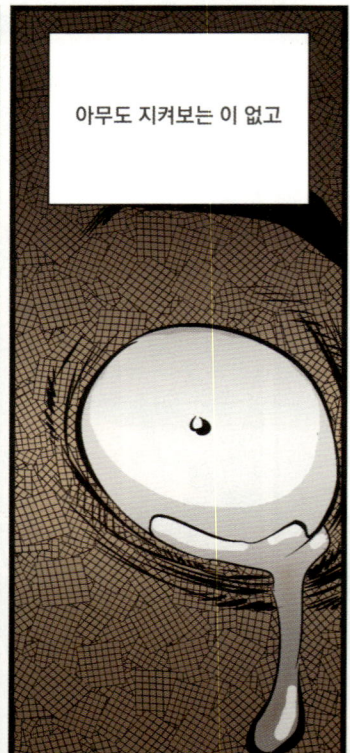

아무도 지켜보는 이 없고

희망의 빛이 없는
암흑의 시간들

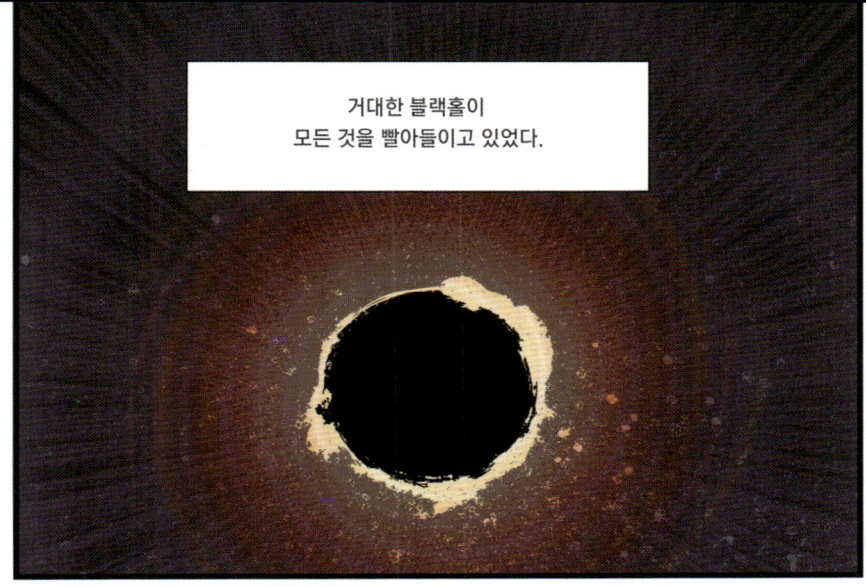

거대한 블랙홀이
모든 것을 빨아들이고 있었다.

빛조차 빠져나올 수 없는
블랙홀은

오랜, 아주 오랜
영겁의 시간을 거쳐서

드디어
대폭발의 시간,
빅뱅에 이르렀다.

새로운 우주.
새로운 별들이 탄생했다.

공황장애

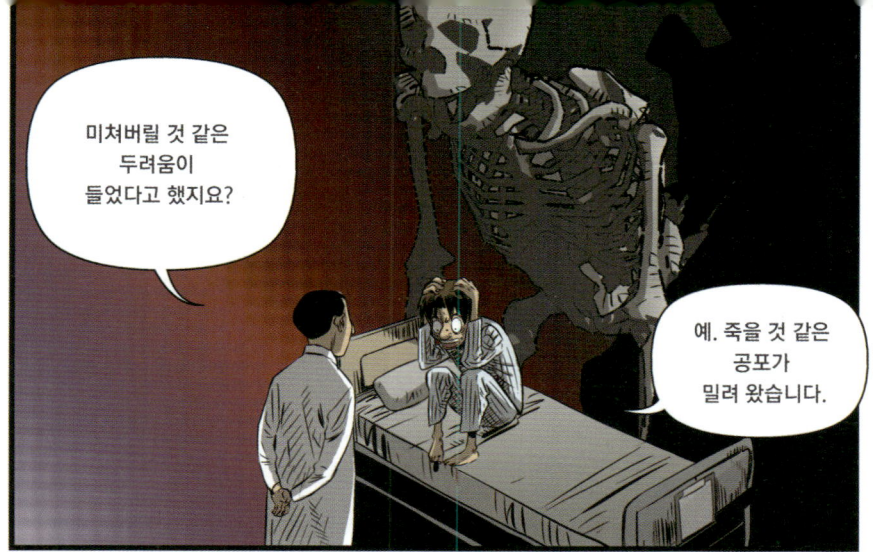

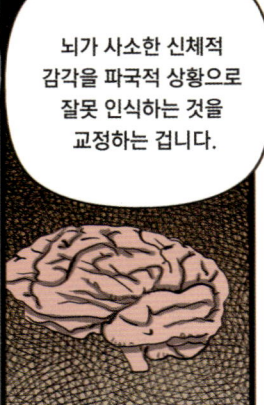

그녀가 그렇게 떠난 게 난 이제야 이해가 되었다.

모든 것은 지나갑니다.
지나간 과거는 나를 어쩌지 못합니다.

지난 일은
후회할 필요가
없다는 얘기죠.

미래의 일은 아직 닥쳐온 현실이
아니므로 걱정할 이유가 없습니다.

지금, 이 순간! 현재에 집중하십시오.

물에 빠져 허우적거리면 빠지지만

뜰 것을 믿고 자세를 바로 하면 물 위로 떠오릅니다.

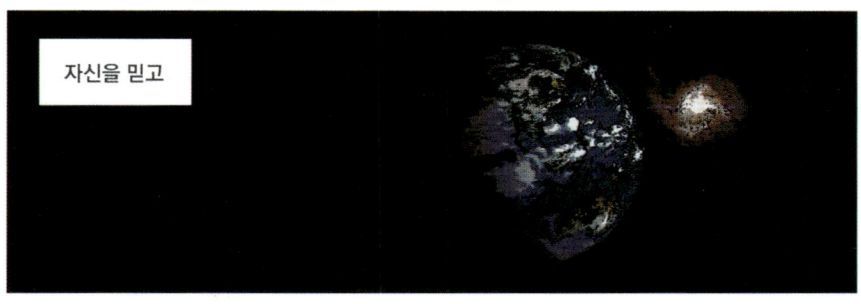

릴렉스!! 우주는 당신을 돕기 위해 존재합니다.

제가 꾸물대서 조바심 나셨죠. 죄송합니다.

수고했네. 앞으로 잘 좀 하자고.

예. 계속 잘 부탁드립니다.

릴렉스!! 우주와 조화롭게 지내기 바랍니다. 우주를 향해 미소 지어주면 온 우주가 나에게 화답합니다.

공황장애

3화
신체변형 장애
body dysmorphic disorder

정상적인 용모를 가진 사람이 자기의 용모가 어떤 변형으로 결손이 있다는 생각에 집착하는 장애로 얼굴의 용모(주름살, 부기, 피부의 반점, 안면의 과도한 털 등), 코, 입, 턱, 또는 이마의 모양, 머리, 손, 발, 가슴, 유방, 성기 등의 신체 부위의 모양에 문제가 있다고 생각하여 성형 중독에 빠져 헤어나지 못하고 있다.

융은 "방향 상실 상태"인 동시에 "완전히 허공에 떠 있는 느낌"으로 무의식의 세계에 대한 본격적인 탐사에 몰두했고 불가사의한 신비 현상을 체험했다. 가령 제1차 세계대전이 터지기 직전에는 대규모 재앙에 대한 환상을 보았으며, 유령을 목격하거나 의미심장한 꿈을 꾸는 경우도 적지 않았다.

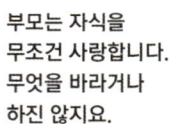

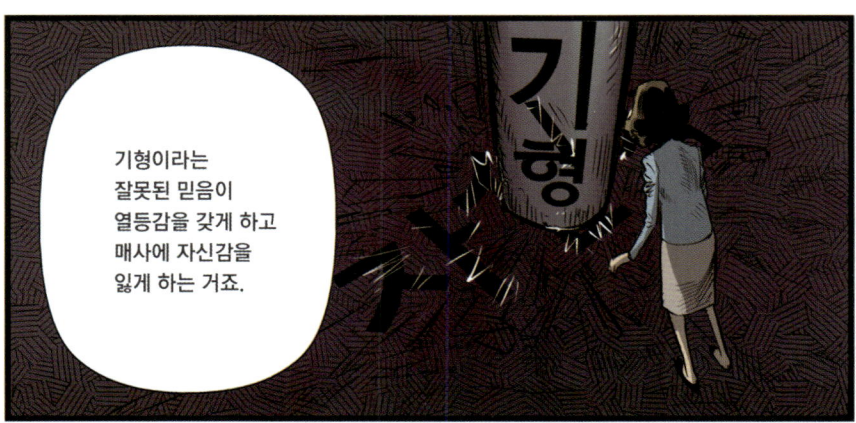

신체변형 장애

지금 현재, 뭔가를 원하고 있는 사람은 행복과 만족을 얻기 힘듭니다.

유리 씨는 사실 완벽한 사람입니다.

지금 현재의 모습에 만족하는 것이 곧 행복의 지름길입니다.

말도 안 돼! 모든 게 엉망인데 어떻게 만족을 느끼라는 거야.

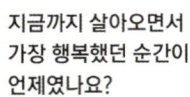

미소 지어보세요.

가장 행복한
웃음을
웃어보세요.

크게 소리 내어 웃어보세요.

이 세상 그 누구보다도 자신을 먼저 사랑해야 합니다.

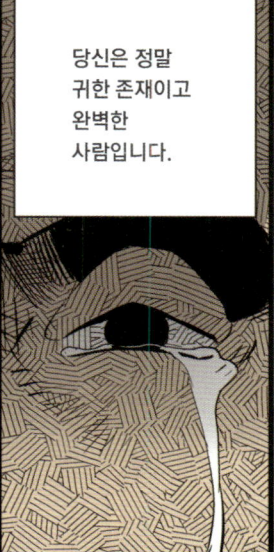

당신은 정말 귀한 존재이고 완벽한 사람입니다.

아무것도 부족한 게 없습니다.

4화
외상 후 스트레스 장애
post-traumatic stress disorder

폭행, 전쟁, 교통사고, 큰 화재, 홍수나 지진 같은 천재지변 등과 같이 일상적으로 경험할 수 없는 극심한 위협적인 사건을 통해 심리적인 충격을 경험한 환자를 융 박사가 최면유도 요법으로 치료를 시도하여 그의 심층 깊은 곳에 다다르자 놀라운 비밀이 새어 나온다.

프로이트는 융이 종교나 신비주의 같은 미심쩍은 "고대의 잔재"에 관심을 보이는 것에 불만을 느꼈다.

그러나 융은 프로이트의 사상에서 받은 영향을 인정했다.

"프로이트의 정신분석학이 없었더라면, 나는 심리학의 여러 문제에 대한 해결의 열쇠를 찾지 못했을 것이다."

외상 후 스트레스 장애

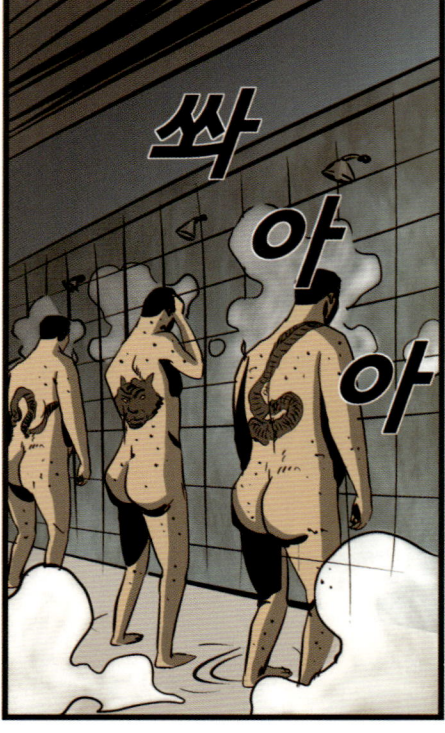

외상 후 스트레스 장애

소, 손님!!

응?!

미, 미안…….

하아

면도하게 앉으세요.

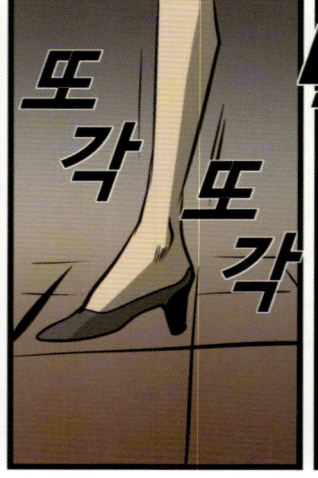

외상 후 스트레스 장애

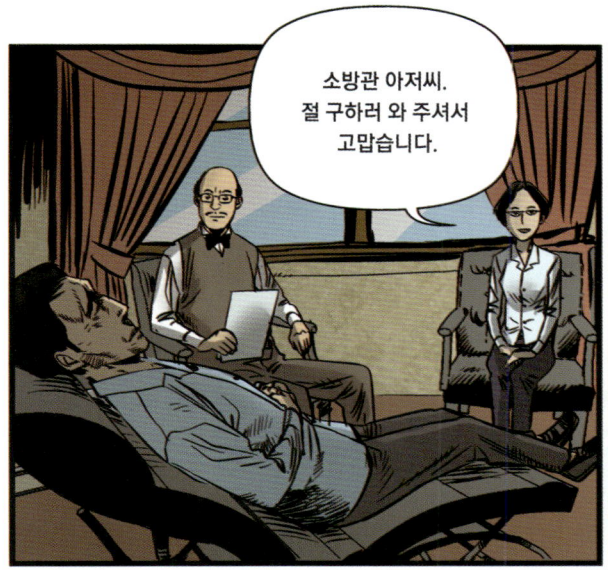

세상은
안전하고
평화롭습니다.

나는 한가롭게 산책을 하거나

취미 활동을 합니다.

약물치료와 함께
마음을 다스리는 취미 활동을 지속하면
치료율은 90% 가까이 됩니다.

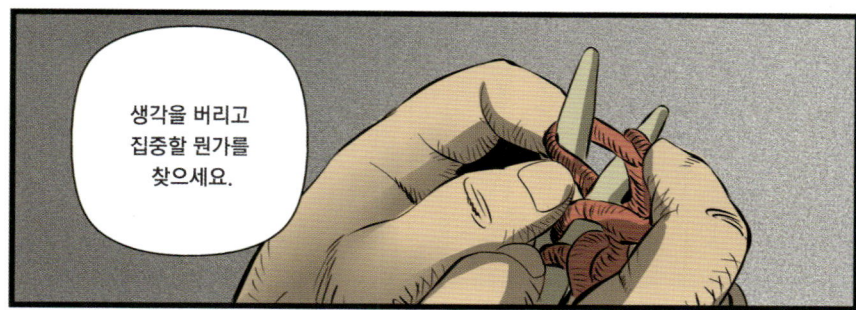

외상 후 스트레스 장애

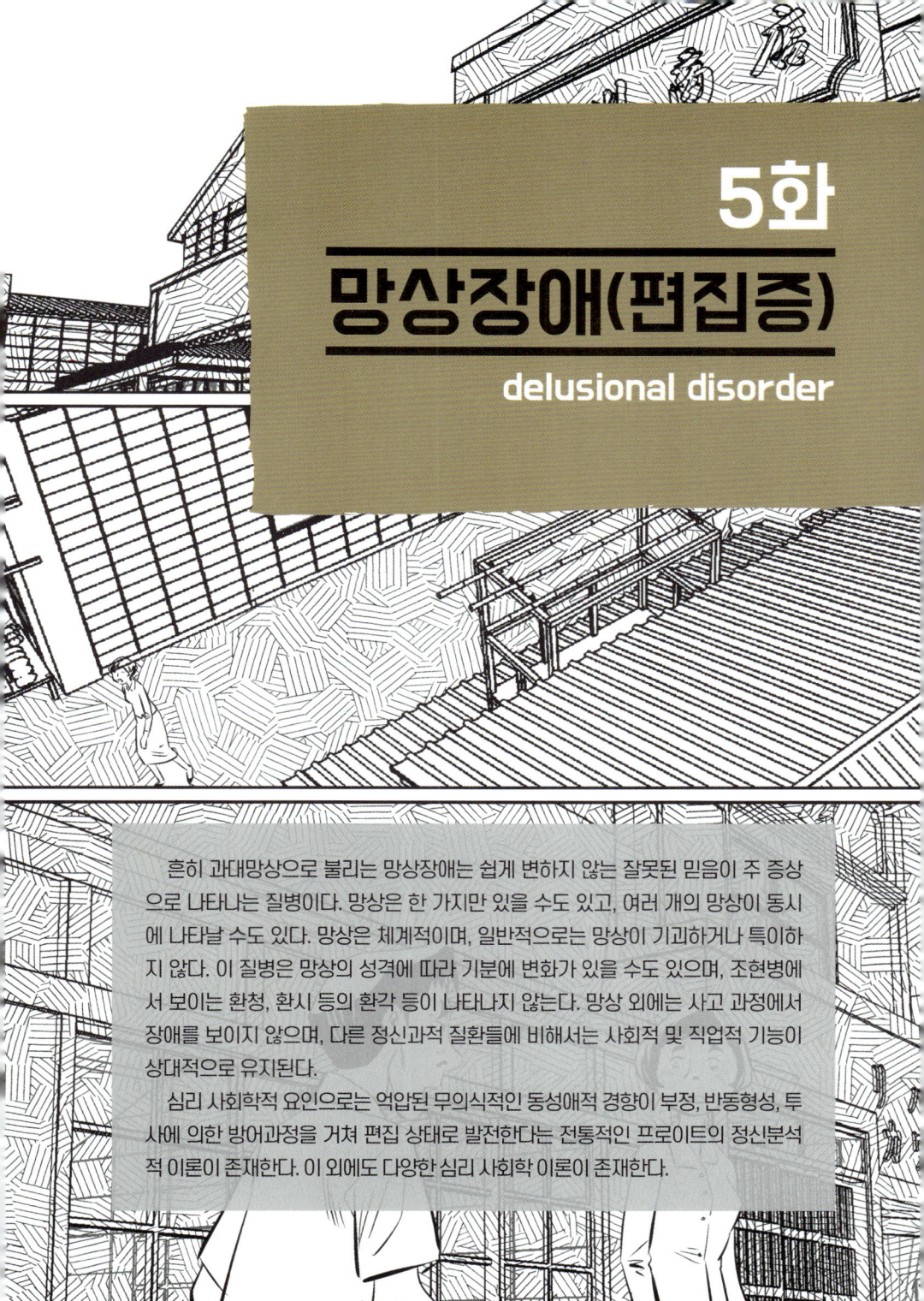

5화
망상장애(편집증)
delusional disorder

흔히 과대망상으로 불리는 망상장애는 쉽게 변하지 않는 잘못된 믿음이 주 증상으로 나타나는 질병이다. 망상은 한 가지만 있을 수도 있고, 여러 개의 망상이 동시에 나타날 수도 있다. 망상은 체계적이며, 일반적으로는 망상이 기괴하거나 특이하지 않다. 이 질병은 망상의 성격에 따라 기분에 변화가 있을 수도 있으며, 조현병에서 보이는 환청, 환시 등의 환각 등이 나타나지 않는다. 망상 외에는 사고 과정에서 장애를 보이지 않으며, 다른 정신과적 질환들에 비해서는 사회적 및 직업적 기능이 상대적으로 유지된다.

심리 사회학적 요인으로는 억압된 무의식적인 동성애적 경향이 부정, 반동형성, 투사에 의한 방어과정을 거쳐 편집 상태로 발전한다는 전통적인 프로이트의 정신분석적 이론이 존재한다. 이 외에도 다양한 심리 사회학 이론이 존재한다.

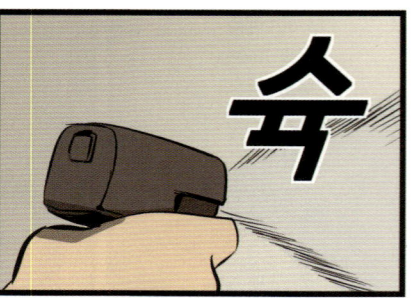

망상장애(편집증)

오사카 도톤보리

어머니의 첫사랑 이야기를 듣고 내가 몰랐던 사실들을 알게 되자 비로소 내 어린 시절 기억의 퍼즐이 하나씩 맞춰지기 시작했다.

누나는 엄마의 첫사랑이 엄마가 임신을 하자 엄마를 홀로 남겨두고 도망쳤다고 한다.

엄마는 누나를 낳고 홀로 키우다 새 남자, 나의 아버지와 결혼했다고 한다.

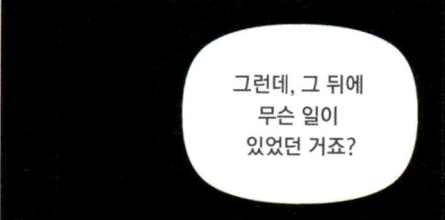

난 그때 또 엉뚱한 결론을 내렸지요.

아빠가 경찰서에 잡혀갔으니까 이제 엄마가 다른 남자랑 결혼한다고 생각한 거지요.

6화
해리성 장애
dissociative disorder

　환자의 전체 인격 중 갈등을 느끼는 감정이나 정신적 에너지의 일부가 떨어져 나와 독립적으로 작용하며 여러 신체적 정신적 증상을 만들어내는 현상을 해리라고 하는데 최근에는 해리성 정체장애와 빙의, 동환과 귀신 들림, 다중인격 등을 구분해서 사용하고 있다.
　프로이트가 무의식이라는 세계로 들어가는 입구를 제공했다면, 융은 무의식을 바라보는 시각을 다양화했다는 의의를 지닌다. 프로이트는 무의식을 억압에 의해 이루어진 부정적인 요소로 간주한 반면, 융은 개인분만이 아니라 집단의 무의식이라는 또 다른 세계를 가정함으로써 무의식이 오히려 독자적으로 존재하며 창조적인 기능을 발휘한다고 지적했다. 따라서 프로이트가 무의식의 해방을 도모했다면, 융은 무의식과의 화해를 의도했다고 할 수 있다.

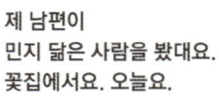

해리성 장애

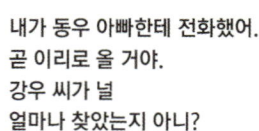

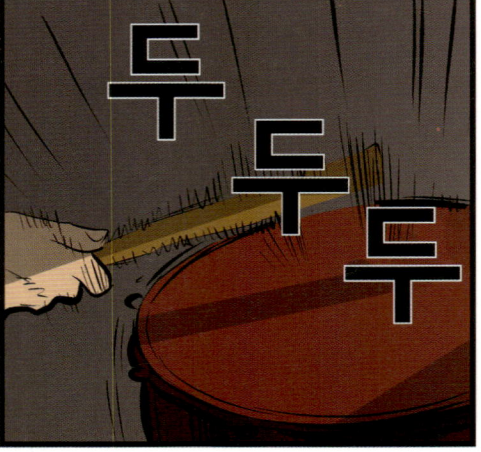

7화
우울증
depressive disorder

    정신병적 우울증은 특별한 심리적인 이유 없이 나타난다. 두뇌의 생물학적 원인에 의해서 발생되며 신경증적 우울증은 심리적인 원인이 있어 발생한다. 환각과 망상 등이 있고 불면, 식욕과 체중의 감퇴, 피로 증가 등 신체적 증상이 나타나 늘 힘들어한다.
    조울증은 양극성 장애로 조증과 우울증 반복되며 조증은 우울증과 다르게 의욕이 지나치게 고조되면서 일어나는 정신병적 장애로 자기통제가 어렵다.
    프로이트의 이론이 범성욕주의로 비난을 받았듯이, 융의 이론도 비과학적이라고 비난을 받았다. 특히 신화와 종교는 물론이고 영지주의, 연금술, 만다라, 도교, 주역, UFO에 대해 연구한 글은 갖가지 해석과 오해를 불러냈다. 프로이트의 이론에 비하자면 융의 이론은 뚜렷한 체계나 개념을 잡기가 힘들다고 평가한다. 정신의학자 앤터니 스토는 프로이트에 대해 "융이 이처럼 도외시된 까닭은 그가 자신의 사상을 쉬운 용어로 잘 표현하지 못했기 때문"이라고 지적한다.

고양이는 사육을 용납하지 않아요.

개들은 인간들에게 굴복당하고 사육당하지만

인간이 참 하잘것없는 존재라는 걸 깨닫고 미련 없이 내 삶을 마감할 작정이었어요.

'라떼'가 그걸 알고 애처롭게 울어 주더라구요.

'라떼'의 울음소리가 날 살렸어요.

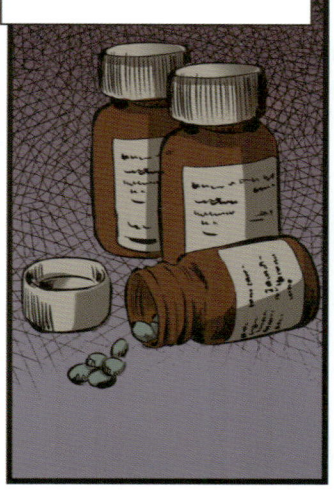

손님, 영업시간 끝났습니다.

시간이 참 빠르네. 아직 계획을 절반도 못 세웠는데……

안녕히 가세요.

지금 세우는 계획은 아무래도 실현 가능성이 높지 않겠어.

그래, 실천 가능한 계획으로 좀 수정하면 돼.

해바라기를 그린 화가
빈센트 반 고흐 아시죠?

고흐는 자신의 귀를
자르고 붕대를 감은 채
자화상을 그렸죠.

고흐는 밀밭에서 권총으로 자신의 가슴을 쏘고 피 흘리며
하숙방으로 돌아와 혼자 신음하다가 전갈을 받고 파리에서 내려온
동생 테오의 무릎을 베고 죽었습니다.

고흐는 동생 테오에게 늘 장문의 편지를 썼습니다.

현재 자신의 입장과 생각들

앞으로의 구상을 비롯한 사소한 일까지

하나도 숨김없이 세밀하게 썼습니다.

누군가를 설득하는 장문의 편지를 쓰는 행위는 우울증 환자들의 전형적인 모습입니다.

그 편지들은 스스로를 위안할 수는 있지만 치료하지는 못합니다.

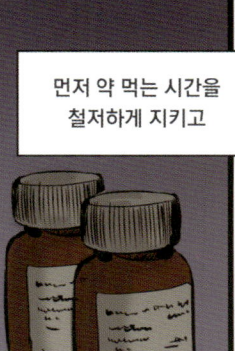

조금은 뻔뻔해져도 좋습니다.

우울증은 착한 사람들이
착한 사람 콤플렉스에 빠지는 것이
한 원인입니다.

마음이 내키지 않으면
친절하게 굴지 마세요.
스마일 마스크 증후군에서
벗어나야 합니다.

빈센트 반 고흐가 권총 자살로 생을 마감하자 그의 동생 테오는 우울증에 시달리다 정신병원에 입원해 6개월 뒤에 세상을 떠났지요. 우울증은 죽음에 이르는 병입니다.

8화
세월호 트라우마

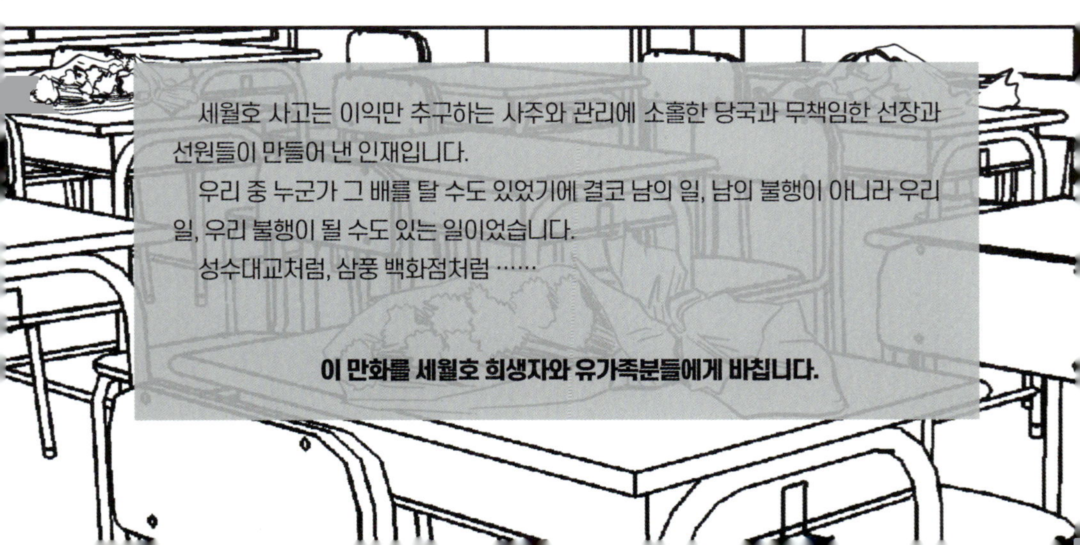

　세월호 사고는 이익만 추구하는 사주와 관리에 소홀한 당국과 무책임한 선장과 선원들이 만들어 낸 인재입니다.
　우리 중 누군가 그 배를 탈 수도 있었기에 결코 남의 일, 남의 불행이 아니라 우리 일, 우리 불행이 될 수도 있는 일이었습니다.
　성수대교처럼, 삼풍 백화점처럼 ······

이 만화를 세월호 희생자와 유가족분들에게 바칩니다.

2014년 4월 15일 오후 9시
세월호, 예정 시간보다 약 2시간 늦게 인천항 출발

4월 16일 오전 8시 52분
단원고 학생, 침몰 상황 첫 신고

9시 40분,
해양경찰구조대 현장 도착

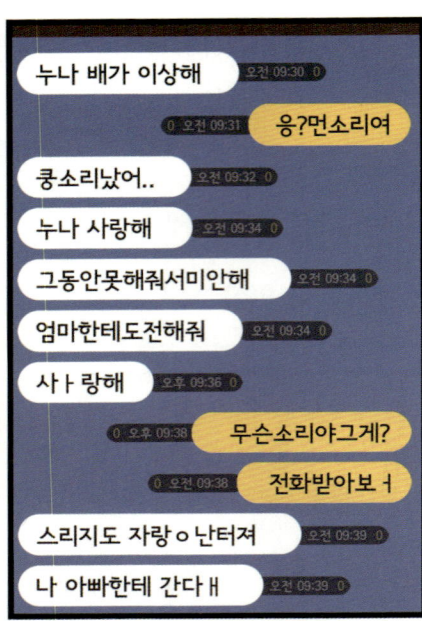
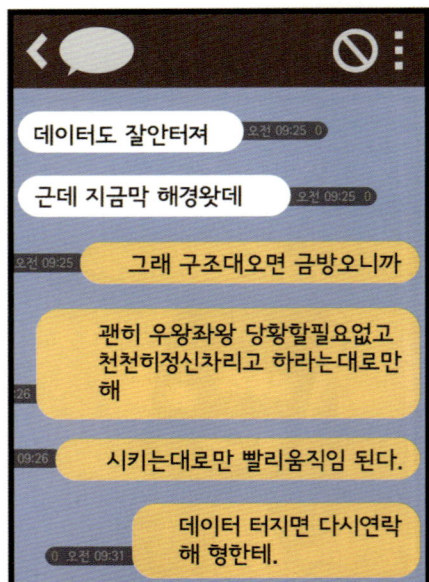

세월호 트라우마

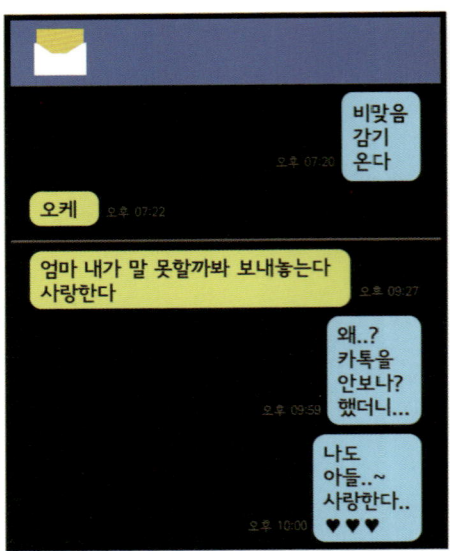
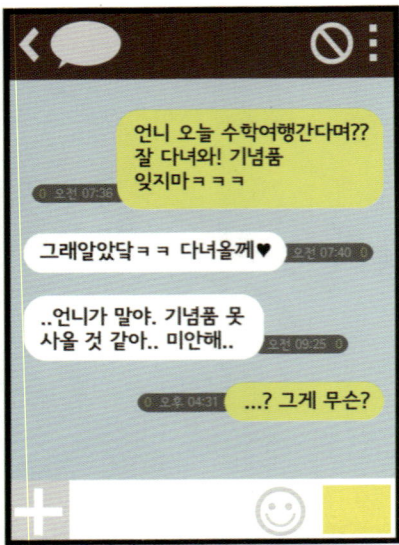
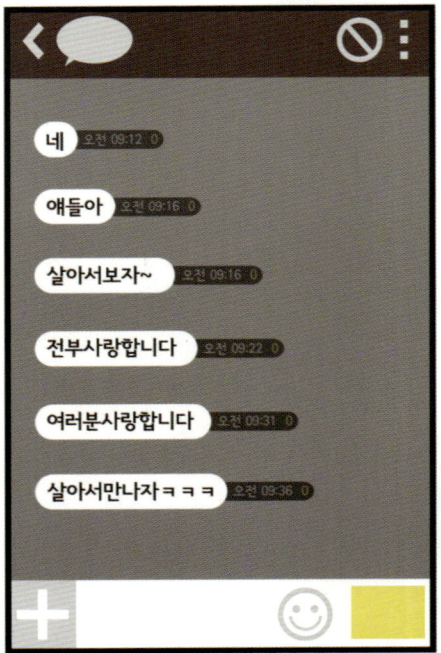

세월호 트라우마

세월호 트라우마

너무나 보고 싶고

너무나 미안하고

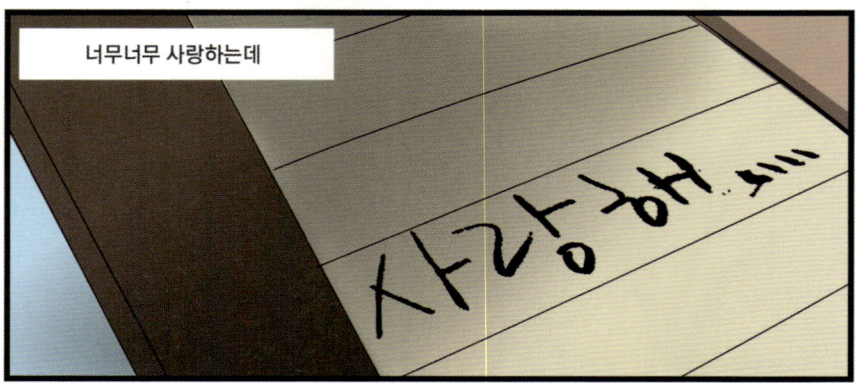

너무너무 사랑하는데

엄마, 아빠, 선생님, 친구들아.

우리의 못다 이룬 꿈,

우리 같이 이루어가요.

누군가의 꿈이 이루어진다면
그건 바로 우리의 꿈이 이뤄진 거예요.

이 세상 여행은 참 좋았어요.

참, 약속해줘요.
잊지 않기로,
그리고 너무 많이 울지 않기로.

사랑해요.

융 어록

1 인격과 페르소나

삐뚤어진 인격

융의 근본 사상에서 정신이라는 개념은 인간이 하나의 전체임을 긍정한다. 인간은 여러 부분들의 합이 아니다. 인간은 전체성을 구하려 노력하지 않는다. 왜냐하면 인간은 하나의 전체로 태어남으로써 선천적으로 전체성을 획득하고 있다. 융은 말한다.

"인간이 평생을 통해 할 일은 타고난 전체성 가운데 분화된 것을 가급적 일관성 있고 조화롭게 발전시키는 일이다. 인격이 각자 흩어져 제멋대로 움직이게 되면 갈등을 불러오게 된다. 즉, 전체성이 여러 체계로 분화되어 분열되면 삐뚤어진 인격을 갖는 것이다."

유전적 요소

한쪽으로만 삐뚤어진 인격의 밑바닥에는 유전이 있을지도 모른다. 환경은 인격의 발달에 큰 영향을 주는 또 다른 요인이다. 환경 요인이 인격의 발달을 저해하고 망치는 경우도 있고 인격의 발달에 이로운 영향을 주기도 한다. 개인의 타고난 성질들을 키우고 그 사이의 균형을 맞추어 주어야 한다. 환경이 발달에 해로운 영향을 주는 경우는 개인이 갖춰야 할 영양을 빼앗거나 잘못된 영양을 줄 때이다. 인격의 완전한 개성화와 통합의 실현을 방해하는 요소를 살피는 일은 매우 중요하다.

개성화

개인의 의식이 타인과 다르게 분화되어 가는 과정을 개성화라고 부른다. 심리적 발달에 있어 개성화는 중요한 역할을 담당한다. 개성화의 목적은 최대한 완전히 자기 자신을 아는 '자기의식'에 있다. 융은 개성화라는 말을 한 인간이 별개로 분할이 불가능한 통일체 또는 전체가 되는 과정을 가리키기 위해 쓰고 있다고 말했다. 현대 용어에서는 이를 의식의 확대로 부르고 있다.

결정적 요인, 의식

융은 자서전에서 "결정적 요인은 늘 의식이다"라고 썼다. 인격이 발달하는 과정에서 개성화와 의식은 늘 보조를 맞춘다. 의식의 시작이 개성화의 시작이기도 하다. 의식이 증가하면 자연스럽게 개성화도 늘어난다. 자기 자신과 주위의 세계에 관해 무의식적 태도를 취하는 사람은 충분히 개성화된 인간일 수가 있다.

아니무스와 아니마

아니무스의 원형은 여성적인 정신에서 남성적인 한 측면이며, 아니마의 원형은 남성적인 정신에서 여성적인 한 측면이다. 생물학적으로도 인류는 성별에 관계없이 남성호르몬과 여성호르몬을 모두 분비하는 성질이 있다.

남성과 여성은 여러 세대에 걸쳐 이성이라는 상대에게 계속 드러나면서 아니무스와 아니마의 원형을 발달시켜 왔다. 남성과 여성은 수 세대에 걸쳐 함께 생활하고 서로 영향을 주고받으면서, 이성을 이해하는 데 쓸모 있는 특징들을 획득하여 적절히 반응해 왔다. 이처럼 아니무스와 아니마의 원형은 페르소나의 원형과 마찬가지로 생존을 위해 큰 가치가 있다.

의식을 지키는 문지기

의식의 개성화 과정에서 새로운 요소가 생기는데 바로 융이 '자아'라고 부르는 요소이다. 관념, 감정, 기억, 지각은 자아에게 존재가 인정됐을 때 자각된다. 자아는 대단히 선택적으로 증류 장치와 비슷하다. 많은 심리적 자료들이 자아 안에 들어가지만 거기에서 나와 완전한 자각의 수준에 도달하는 것은 적다.

우리는 날마다 수많은 경험을 하지만 대부분이 자아에게 제거되어 의식에 도달하지 못한다. 이는 중요한 기능이다. 이 기능이 없으면 대량의 자료가 의식에 들어와 자신을 제어하지 못하는 상태가 되어 버린다.

정신에 관한 인식

융 심리학에서 인격 전체는 '정신'이라고 불린다. 근대에 와서 '심리학Psychology'이 마음의 과학을 지칭하게 되면서, 본래 영혼을 뜻하던 라틴어 프시케Psyche는 '마음'을 뜻하게 되었다. 정신은 의식과 무의식을 포함하는 모든 생각과 감정 및 행동을 포함한다. 정신은 개인을 규정하며 그 사회적·물리적 환경에 적응하도록 다음과 같은 지침을 준다.

'심리학은 정신에 관한 인식 이외의 뭔가 다른 과학이 아니다.'

애벌레가 나비로 자라듯

인격 체계의 구조는 한평생을 거쳐 점차 복잡한 구조를 띠며 개성화되어 간다. 복잡한 구조는 다양한 방법으로 자기 자신을 표현할 수 있는 구조를 뜻한다. 자아가 개성화되면서 자아의 의식적 행위는 다양해지고 확대된다. 개성화된 자아는 다양한 세계의 작은 부분까지 지각하고 분별할 수 있으며 여러 생각 사이의 미묘한 관계를 이해하고 객관적 현상에 숨겨진 깊은 의미를 알아낸다.

마찬가지로 집단무의식의 원형과 개인무의식의 콤플렉스도 개성화되면서 그 방식이 복잡하고 미묘해진다. 개성화가 진행되면서 인간이 더욱 좋은 상징을 계속 찾는다는 뜻은 개성화가 발전하면서 더욱 정교하고 정확한 배출구가 필요해졌다는 뜻이다. 이를테면 어린이는 단순한 자장가나 놀이에도 만족을 느끼지만 개성화된 어른은 문학, 예술, 종교, 사회제도 등 더 복잡한 상징체계를 필요로 한다.

그림자의 지혜

융의 '그림자'라는 용어는 인간의 동물적 본성을 뜻한다. 그림자는 진화의 역사 속에 깊은 뿌리를 두고 있기 때문에 모든 원형 가운데 가장 강한 힘을 갖고 있으며, 잠재적으로 가장 많은 위험을 내포하고 있다.

인간이 공동사회에 적응을 하고 사회의 일부가 되기 위해서는 그림자에 내포된 동물적 정신을 길들일 필요가 있다. 그림자와 관련된 성질을 누르고 그림자의 힘에 대항할 수 있는 강한 페르소나를 키움으로써 인간은 문명인이 된다. 하지만 그 대신 자발성, 창조성, 깊은 통찰력 등이 줄어드는 대가를 치른다. 여기에는 후천적 학습으로 얻는 교양이나 지식보다 더 깊은 지혜가 담겨 있는지도 모른다. 따라서 '그림자' 없는 생활은 무기력해지고 천박해지기 쉽다.

인격의 발달

인격 역학의 입장에서 전진은 의식적 자아가 정신 전체의 욕구들이 현실과 잘 조화되게 함을 뜻한다. 환경에서 생기는 욕구불만으로 이 조화가 무너지면, 리비도는 외향적 가치에서 무의식의 내향적 가치로 옮겨 간다. 이 현상을 '퇴행'이라고 부른다.

욕구불만이 있을 때 문제의 해결을 무의식 속에서 발견한다면, 퇴행은 적응하는 데 긍정적 영향을 끼친다. 융은 조화와 통합을 이루거나 유지하기 위한 방법으로 시끄러운 세상에서 떨어져 조용한 명상을 하기를 적극 권한다. 창조적인 사람들의 대부분은 무의식이라는 거대한 자원에 참여함으로써 생기를 되찾기 위해, 정기적으로 세상의 소란에서 물러나 있다.

페르소나 페르소나

가면의 인격이라는 뜻으로 진정한 자신과는 달리 다른 사람에게 투사된 성격을 말하는 심리학의 용어로 쓰인다. 이 용어는 융이 에트루리아의 어릿광대들이 쓰던 가면을 뜻하는 라틴어에서 따서 만들었다. 융은 사회에서 요구하는 덕목, 의무 등에 따라 자신의 본성 위에 덧씌우는 사회적 인격을 페르소나라고 명명했다. 페르소나는 개인이 성장하는 동안 가정과 사회에서의 교육, 인간관계 등을 통해 형성되며, 사회 안에서 개인은 페르소나를 통해 사회적 관계를 원만하게 유지하게 된다. 융에 따르면, 페르소나가 있기 때문에 개인은 자신의 역할을 사회 속에 반영할 수 있으며 자기 주변 세계와 상호관계를 맺을 수 있다. 또한 자신의 고유한 심리구조와 사회적 요구 간의 타협점에 도달할 수 있기 때문에 페르소나는 개인이 사회적 요구에 적응할 수 있게 한다.

괴짜와 천재

그림자는 억압을 받았다고 해서 그리 간단하게 굴복하지 않는다. 그림자는 몇 번을 거절당해도 포기하지 않고 그 생각을 주장할 것이다. 그림자의 작용은 지독할 정도로 끈질기다. 한 개인의 그림자, 다시 말해 사라지지 않는 생각이나 이미 지는 그 사람이 만족감을 느낄 때까지 그를 창조적 활동 속으로 몰아넣는다.

개인은 자아와 그림자가 훌륭히 조화를 이룰 때 생기와 활력으로 충만함을 느낀다. 자아는 본능에서 시작된 모든 힘을 방해 없이 통과시킴으로써 의식도 확장된다. 그러므로 동물적 정신으로 가득 메워진 창조적 인간을 세상 사람들은 괴짜로 여긴다. 매우 창조적인 사람의 그림자는 때로 자아를 압도하기 때문에, 천재들은 잠시 이성을 잃고 발광하는 것처럼 보이기도 한다.

천성적 요인들

같은 부모에게서 태어난 아이들의 유형은 각각 다르고, 부모들의 유형도 각각 다르다. 그런데 가족들이 큰 압력이 가하며 아이의 성향을 바꾸도록 강요하는 경우가 생기기도 한다. 부모 자식 사이에 일어나는 갈등의 대부분은 성격 유형이 상반되는 데서 비롯한다. 예를 들어 내향적 감정형의 어머니는 외향적 직관형의 딸을 인정하지 않고 자기와 똑같은 유형으로 바꾸려고 할지도 모른다. 외향적 사고형의 아버지는 내향적 감각형의 아들이 자기와 똑같은 유형이 되기를 원할 수도 있다. 이런 부모가 실제로 영향력을 행사하면 아이는 인생의 훗날에 노이로제가 발생하게 된다. 부모의 역할은 내적 성질에 따라 발달하는 아이의 권리를 존중해 주고, 그것을 위한 많은 기회를 어린이에게 주는 데 있다. 융은 선천적으로 타고난 성질의 근본을 바꾸려는 행위는 어떤 경우에도 옳지 않다는 입장이었다.

사회의 영향력

인격의 유형에 대한 선호도는 시대나 문화에 따라 달라진다. 역사 속 어떤 시대에서는 감정이 일반적이지만 다른 시대가 되면 사고가 일반적일 수 있다. 가령 아니마나 아니무스는 억압되어 오다가 1960년대 후반에 이르러 인정받으며 급격히 개성화하기 시작했다. 그와 동시에 페르소나가 축소되면서 전후 세대에게는 폭넓은 의식의 확장이 이루어졌다. 이러한 사회적 변화에서 인격의 불균형이 빈번하게 발생한다.

개성화는 개인에게만 작용하는 과정이 아니라 인류의 세대에서 세대로 거치며 작용하고 있다. 고대인보다 현대인이 훨씬 개성화되어 있으며, 문명인이 미개인보다 개성화되어 있다. 이는 구태의연한 사고방식과 행동으로는 현대인의 인격에 대한 요구를 충족시키지 못함을 뜻한다. 또한 서로 다른 문화는 서로 다른 인격 유형을 형성한다. 이를테면 동양에서는 내향성과 직관을 선호하지만 서양에서는 외향성과 사고가 존중된다.

부모의 영향력

어린이들의 성격 발달에 중요한 역할을 하는 요소가 부모라는 전제는 분명하다. 우선 아이는 태어난 뒤 몇 년 동안은 별개의 '자기동일성'이 없다. 부모 정신을 반영한 것이 아이의 정신이다. 부모에게 어떤 정신적 혼란이 있다면 그것마저도 반영된다. 아이의 꿈은 아이 자신의 꿈이라기보다 부모의 꿈인 경우가 더 많다.

부모가 아이에게 자신의 성향을 요구하거나 부모 자신의 정신에 부족한 면을 과도하게 아이의 인격에서 발달시키려는 경우에도 아이의 개성화는 방해받는다. 어느 쪽이든 아이 인격의 균형은 깨져 버리고 만다. 부모가 각각 자신들의 전혀 다른 정신 구조를 아이에게 투사하기 위해 아이를 두고 싸움을 한다면 더욱 해로운 결과를 가져올 것이다.

2
의식과 무의식

자아의 의식화 허용 여부

감정적 유형인 사람의 자아는 더욱 많은 정서적 경험의 의식화를 허락한다. 사고를 많이 하는 유형이라면 감정보다 이성 쪽이 의식화되기 쉽다. 이는 부분적으로 경험이 자아에게 얼마나 불안감을 자아내는지 여부에 따라 달라진다. 불안감을 만드는 관념과 기억은 자각(의식)되기 어렵다. 또 부분적으로 얼마만큼 개성화가 진행되었느냐에 따라서도 의식화의 여부가 결정된다. 고도로 개성화된 사람의 자아는 더 많은 경험의 강도에 의해 결정된다. 정도가 약한 경우 자아의 문 앞에서 가볍게 거부를 당하지만 강렬한 경험은 그 문을 부수고 들어갈 것이다.

의식에서 확인되지 않는 활동들

콤플렉스의 특징들은 늘 의식적 행동에 드러나지 않는다. 콤플렉스는 꿈이나 위장된 형식을 빌려 나타나기도 하므로 이를 간파하기 위해서는 상황증거를 살펴야 한다. 이를 두고 분석적 연역이라고 할 수 있다. 분석심리학자는 사람들의 말을 그대로 듣지 않고 그 뒤에 감추어진 메시지를 읽는다.

뚜렷한 영감의 뿌리

융은 콤플렉스가 개인의 적응을 방해하는 것만은 아니라는 사실을 발견했다. 오히려 콤플렉스는 뚜렷한 업적을 위해 본질적으로 중요한 영감의 뿌리가 될 가능성이 있거나 실제로 그러는 예도 있다. 이를테면 예술가가 미(美)의 충동에 사로잡혀 걸작을 쓰는 일과 같다. 그는 숭고한 아름다움을 완성하기 위해 수많은 예술 작품을 만들어 내고, 기법을 바꾸고 의식을 깊고 넓게 한다. 반 고흐는 말년의 몇 해 동안 예술에 인생을 바쳤다. 마치 홀린 사람처럼 그림을 위해서 건강, 마침내는 생명까지도 희생했다.

융은 예술가의 무자비하고 완전한 창작 충동에 관해 "그는 인생을 살 가치가 있도록 하는 모든 행복을 희생시킬 숙명을 짊어진다"라고 말했다.

예언과도 같은 큰 꿈

꿈의 대부분은 그날의 걱정거리와 연관이 있으며 꿈을 꾼 사람의 심층에 빛을 던지는 일은 거의 생기지 않는다. 가끔, 당사자의 생활에서 지나치게 멀리 떨어져 있고 너무 '신령적'이며 - 강렬하고 감동적인 체험을 가리키는 - 너무 기묘하고 무시무시하기 때문에 당사자가 꿈으로 여기지 않는 꿈이 있다. 그것은 다른 세계로부터의 방문과 같다. 바로 지하에 있는 무의식의 세계 그대로이다. 고대의 어떤 민족에게 신이나 조상에게 받은 전갈 혹은 예언으로 생각되었던 그런 꿈 말이다.

융은 이런 종류의 꿈을 '큰' 꿈이라 불렀다. 그런 꿈을 꿀 때는 자아가 외부 세계를 제어하지 못하여 무의식에 혼란이 생기거나 균열이 간 경우이다. 정신분석을 받는 사람도 가끔 큰 꿈을 꾸는데, 이는 치료가 무의식을 흔들어 놓기 때문이다.

자기인식 = 자기실현

자기실현의 달성 여부는 자아의 협력 여부에 크게 달려 있다. 자기의 원형이 주는 메시지를 자아가 무시한다면 자기에 대한 평가와 이해는 이뤄질 수 없다. 모든 것이 의식적으로 이루어지지 않으면 인격을 개성화하는 효과는 없다. 꿈의 분석, 명상, 진정한 종교적 체험 등에 따라 자기를 이해하고 인식하고 지각할 수 있다.

자기를 인식하는 일은 완전한 자기의 실현을 이룩하는 일에 선결되어야 한다. 자신에 대해서 모르면서 자기 힘을 충분히 발휘하는 사람은 드물기 때문이다. 즉각적인 완성을 이루는 기적이란 없다. 자기실현은 인간이 인생에서 겪게 되는 일 중 가장 어려운 일이며 끊임없는 단련과 쉼 없는 노력, 높은 책임과 지혜를 필요로 한다.

본능에서 나오는 생명력

그림자는 기본적이고 정상적 본능을 포함하며 생존을 위한 현실적 통찰과 적절한 반응의 원천이기 때문에 이러한 특징은 개인에게 매우 중요한 역할을 한다. 이따금 우리는 단호한 결단력 혹은 반응을 보여야 하는 상황에 직면할 때가 있다. 하지만 가장 적절한 반응이 무엇인지 생각할 겨를이 없는 경우 자아는 갑작스러운 상황에 충격을 받아 멍해지고 망설인다. 그래서 무의식, 즉 그림자가 독특한 방법으로 상황에 대처한다. 그림자가 개성화되어 있으면 위협에 대한 반응을 효과적으로 해낼 수 있지만, 그림자가 억압을 받고 분화되지 못하던 본능의 큰 파도가 밀려와 더욱 자아를 누름으로써 개인은 무너지고 만다.

즉 그림자의 태고 유형은 인간의 인격에 충실한 3차원적 특징을 준다. 창조력, 활기, 힘 등이 만일 그림자를 거부하면 인격은 무미건조하게 된다.

자아에게 인정받지 못한 경험들

일단 경험한 일들은 인간의 정신에서 소멸되지 않는다. 자아에게 인정받지 못한 경험은 '개인무의식'이라는 곳에 저장된다. 개인무의식은 의식적 개성화 또는 기능과 어울리지 않는 모든 심리적 활동과 내용을 받아들이는 저장소이다. 또는 괴로움을 가져다주는 생각, 해결되지 않은 문제, 개인적 갈등 및 도덕적 갈등처럼 일단은 의식에서 나오는 경험이지만 여러 이유로 인해 억압되거나 무시된 것들도 있다. 경험한 뒤 중요성이 적거나 관련이 없다고 인식함으로써 잊힌 것들도 많다. 정도가 약해서 의식에 도달하지 못하거나 도달해도 머물지 못하는 경험 또한 개인무의식에 저장된다.

인생의 목표

자아는 인격을 규정하고 조절하며, 이를 좌우할 수 있는 능력을 가져야 한다. 인격이 성숙된 다음에야 그 지각 능력을 높일 수가 있다. 인간은 자아 발달을 통해 일상을 더욱 잘 지각하고 파악하고 이해하고 지배하는 힘을 갖게 된다.

자아 실현은 인생의 목표이다. 자아는 우리가 개성이라 부르는 운명적 통일체의 가장 완벽한 표현이기 때문이다. 자아의 원형은 의식적 자아와 전혀 다른 내적인 안내자이다.

상징이 담고 있는 과거와 미래

상징은 정신을 표현하며 인간성의 모든 면을 투영한다. 상징은 민족적 및 개인적으로 획득해서 저장된 인류의 지혜를 나타내려고 할 뿐만 아니라, 개인의 장래 상태를 미리 상정하는 발달 수준들도 표현할 수 있다. 그렇지만 상징 속에 들어 있는 지식은 인간에게 직접 인식되지 않는다. 그 중요한 메시지를 발견하기 위해서는 확대법으로 상징을 해독해야 한다.

상징은 본능에 의해 이끌어지는 과거지향적 측면과 초월적 인격의 궁극적 목표에 이끌어지는 미래지향적 측면이 있는데, 이는 동전의 양면과 같다. 동전의 어느 면이 나와도 상징을 분석할 수 있다. 과거지향적 분석은 상징의 본능적 기반을 설명하고 미래지향적 분석은 완성, 재생, 조화, 순화 등에 대한 인류의 동경을 분명히 한다. 전자는 인과론적 환원, 후자는 목적론적 분석이다. 둘 다 있어야 상징의 완전한 해명이 가능하다.

무의식을 투사하는 사람

무의식적인 것을 의식으로 전환함으로써, 인간은 자기의 본성과 균형을 이룬 삶을 누릴 수 있다. 또 무의식의 기원을 인식하는 사람은 초조함과 욕구불만을 느끼는 경우가 줄어든다.

자기의 무의식을 모르는 사람은 무의식에서 억압된 요소를 남에게 투사한다. 즉, 자신의 결점을 모르는 채로 남에게 책임을 전가하고 냉소한다. 그 투사가 자신이 자각하지 못한 무의식이었음이 명확히 드러나면, 가해자를 찾으며 비난하고 비판하지 않아도 된다. 그의 인간관계는 좋아지고 타인은 물론 자신과도 조화를 이룬다고 느끼게 된다. 따라서 무의식의 기원을 구별하는 일은 중요하다.

좌절된 본능을 채우기 위한 시도

밤의 꿈에 등장하건 깨어 있는 낮 생활에 쓰이건 상징에는 좌절된 본능적 충동을 채우기 위한 시도가 담겨 있다. 이는 상징이 충족되기를 바라는 소망의 위장으로서, 대부분 깨어 있는 낮 시간에 금지되는 경우가 많은 성적 소원과 공격적 소원 등이 해당된다. 상징은 위장 이상의 의미가 있으며 원시적 본능 충동이 변한 것이기도 하다. 상징은 본능적 리비도를 문화적 또는 정신적 가치로 물길을 트려고 한다. 이를테면 성 에너지가 다른 곳으로 이동하여 예술의 한 형식이 되고, 공격 에너지가 다른 곳으로 이동해 경기가 된다.

그렇지만 상징이나 상징적 행동은 모든 사람이 알고 있는 무엇을 덮어 감추는 기호가 아니라, 유사성을 통해 미지의 영역에 전적으로 속해 있는 무엇 혹은 장차 속해질 무엇을 설명하려는 시도를 드러내는 데 그 가치가 있다.

혼란한 시대

융에 따르면 1950년대에 정점에 도달했던 하늘을 나는 원반, 즉 UFO에 대한 뜨거운 관심은 혼란한 세계 및 대립의 결과였다. 사람들은 국제분쟁과 냉전이라는 무거운 짐에서 해방되어 조화와 통합이 이루어지기를 바랐다. 융은 혼란스러운 시기에는 새로운 상징이 만들어지거나 낡은 상징이 되살아난다고 지적했다. 예를 들어 안정을 찾지 못하는 비인간적 시대에는 자기의 개별성을 찾기 위해 점성술에 기대는 사람들이 늘어난다. 또 자아의 상징적 표현을 구하기 위해 동양 종교와 철학 또는 원시기독교에 의지하는 사람들도 있다.

과잉 보상

보상이 과도한 경우는 콤플렉스를 들춰내기 어렵게 된다. 과잉 보상은 콤플렉스의 핵심이 일시적으로 더 높은 에너지 가치를 지닌 다른 콤플렉스에 의해 감춰진 상태이다. 더 높은 가치를 가지는 쪽으로 에너지를 옮겼기 때문이다. 예를 들면 자기가 남성스럽지 못하다는 열등 콤플렉스가 있는 남자는 육체를 강하게 만들어 남성스러움을 드러내고 여자를 정복한 솜씨를 자랑하며 약하게 보이는 일은 거부한다. 이런 남자가 경멸하는 대상은 나약한 남자인데 이는 자신 안의 열등성을 떠올리기 때문이다.

이때 '진짜' 콤플렉스가 분명해지면 대처 방법이 용이하지만 '가짜' 콤플렉스를 상대하는 한 상황은 거의 발전하지 않는다.

억압되어 있는 진심

보상 역할을 하는 무의식적 태도는 억압되어 있기 때문에 뚜렷이 표현되지 않는다. 만일 어떤 사람이 평소와 다른 행동을 한다면 무의식적 태도가 간접적으로 행동에 영향을 끼쳤기 때문이다. 예를 들어 외향적인 사람이 갑자기 우울해하거나 고집을 부리거나 비협조적으로 군다면 "무슨 기분 나쁜 일이라도 있었나요?" 하고 묻게 된다. 그는 잠시나마 억압된 내향성의 포로가 된 것이다. 기분은 인간의 무의식을 드러낸다.

무의식적 과정은 의식적 과정만큼 발달했거나 분화된 상태가 아니기 때문에 억압된 태도의 영향을 받으면 행동은 본능적이고 거칠어지기 쉽다. 매사 신중하고 소극적이던 내향적 인간이 특별한 이유 없이 갑자기 매우 난폭해지는 경우 또한 그러하다. 한편 외향적인 사람은 꿈속에서는 내향적이며 반면에 내향적인 사람은 자연 외향적이 됨으로써, 평소 억압되어 있던 본능을 보상해 준다고 한다.

정신의 불균형에서 오는 파괴

　정신은 완전한 폐쇄 체계가 아니기 때문에, 외부 세계로부터 새로운 에너지가 늘 들어온다. 새롭게 들어온 에너지로 인해 불균형이 만들어지는 일이 반복된다. 여러 구조 사이에서 어느 정도 균형을 갖추어 비교적 인격의 역학이 고요한 상태가 돼도 새로운 자극이 균형을 무너뜨려 고요한 감정은 긴장과 갈등의 감정으로 바뀔 것이다.

　정신이 불균형하면 긴장, 갈등, 스트레스가 생긴다. 구조들 사이의 에너지가 불평등할수록 당사자는 더욱 큰 긴장과 갈등을 겪는다. 그런 내적 갈등으로 인해 자신이 조각조각 난 존재처럼 여겨질 수도 있으며 때로는 실제로 그와 같은 경우가 생긴다. 압력이 크면 화산이 폭발하듯 긴장이 커지면 인격은 파괴된다.

3

콤플렉스와 트라우마

개성화는 자율적 과정이다

개인의 인격은 몸의 성장처럼 자연스럽게 개성화되도록 정해져 있다. 몸의 건강한 성장을 위해서 음식물을 적절히 섭취하고 운동을 해 주어야 하듯 인격의 건강한 개성화를 위해서는 적절한 체험과 교육이 필요하다. 만일 부적합한 음식물을 섭취하거나 운동이 부족하면 성장 부진, 기형, 병의 원인이 될 수 있듯이 경험과 교육에 문제가 있으면 인격은 일그러진다. 현대 세계는 그림자의 개성화를 위한 적절한 준비를 하고 있지 않다.

매력과 혐오의 원형

모든 남자와 여자는 자기 안에 영원한 이성의 상을 가지고 있다. 그 상은 특정한 여성이나 남성의 이미지가 아닌 일정한 상이다. 이 이미지는 기본적으로 무의식적이며 인류의 살아 있는 유기 조직에 각인된 원시적 기원의 유전적 요인이다. 모든 조상들이 경험한 이성의 흔적, 즉 그 원형은 인상의 침전물로 일찍이 만들어져 있다. 이 이미지는 무의식적으로 일정한 규정을 만들고 그 영향 탓으로 늘 무의식적으로 연인에게 투사돼 정열적 매력을 느끼거나 특정한 이성을 거부하거나 혐오감을 느끼는 중요 원인 중 하나가 된다.

콤플렉스

콤플렉스는 인격 전체 속 별개의 작은 인격을 은연중에 나타내며, 여러 내용이 무리를 짓고 한데 어울리는 경우가 있다. 콤플렉스는 자립적이며 추진력 또한 있어 우리의 생각과 행동을 매우 강력하게 지배할 수 있다.

융에서 나온 콤플렉스라는 용어는 이제 거의 모든 분야에서 쓰이는 일상용어가 되었다. 어떤 사람에게 콤플렉스가 있다면 그것은 그가 무언가에 몰두하느라 다른 것을 생각하지 못한다는 뜻이다. 심지어 속된 말로 저 사람은 '장애'를 가지고 있다고 말한다. 콤플렉스가 심하면 본인은 인지하지 못하더라도 남들은 쉽게 눈치챈다.

융은 콤플렉스가 인간성 내에서 아동기 초기의 체험보다 훨씬 깊은 무엇에서 발생한다는 점을 깨달았다. 융은 '집단무의식'을 찾아내었고, 심리학 역사에 있어 정신을 진화 과정 가운데 둔 일은 획기적이었다. 융은 진화와 유전이 신체의 청사진을 제공하듯 정신의 청사진도 제공함을 증명해 내었다.

인습에 사로잡혀 있는 사람들

어떤 개인이 페르소나를 지나치게 발달시켜 사회의 인습과 전통에 의해서만 움직이는, 마치 로봇 같은 사람이라고 하자. 그 결과 그는 생기 없고 지루하고 초조하고 불만이 쌓임으로써 우울해진다. 마침내 현재 생활에서 벗어날 필요를 느낀 그는 스스로 내달리기 시작한다. 순응의 가면을 벗고 무의식 속에 숨겨진 자원을 발견한다. 그리고 다시금 기분을 새롭게 함으로써 기운을 얻어 자발적이고 창조적인 인간으로서 이전의 꼭두각시 같은 모습에서 탈피해 일상생활로 돌아온다. 이런 재생의 전설은 퇴행의 이로움을 신화적인 형태로 표현하고 있다.

유감스럽게도 위의 문장은 이상적인 예이다. 사회적 압력에 길들여진 대부분의 인간이 도박, 싸움, 주색 등의 기분 전환 이상의 행동을 해내지 못하기 때문이다. 하지만 이는 어떤 이득도 줄 수 없는 무가치한 일이다.

절대로 사라지지 않는 것

어린이가 동물적 본능을 나타냈을 때 대부분 부모가 꾸중을 하지만, 그렇다고 해서 그림자의 원형이 사라지는 것은 아니다. 다만 그림자는 인격의 무의식 영역으로 되돌아와 억압될 뿐이다. 원시적 미분화 상태에 머물러 있던 억압의 장벽을 부수면 그림자는 난폭하면서 병약한 몰골을 드러낸다. 근대의 폭력적 사디즘과 에로 문학의 노골적 외설은 미분화된 그림자 작용의 좋은 예이다.

인격의 체계는 의식함으로써만 개성화될 수 있다. 교육 또한 개인으로부터 이미 생겨나려는 상태에 있는 것을 끌어내는 것이지, 빈 그릇에 지식을 채우는 것이 아니다.

어떤 유형과 결혼할 것인가

어떤 사람과 사랑하고 결혼하느냐 하는 일은 정신 건강을 위해 중요하다. 일반적으로 정반대의 유형이 같은 유형보다 사이가 좋다거나 혹은 그렇지 않다는 점은 단정 지을 수 없다. 이는 그 결합이 보충적인지 아닌지에 따라 좌우된다. 외향적 사고형이 내향적 감정형과 결혼하면, 자기 인격이 무시되거나 억압된 면을 나타내는 사람과 함께 살게 되므로 대리 만족을 느낄 수 있을지도 모른다. 그렇지만 만일 외향적 사고형의 남편이 내향성의 감정을 거부한다면 아내의 행동에 표현된 내향성을 보고 불편함을 느낄 것이다. 예를 들면, 말수가 적은 내향적 감정형과 긴장감을 즐기는 외향적 감각형의 결혼, 또는 변덕스런 외향적 직관형과 냉정한 외향적 사고형의 결혼이 어떤 결과를 불러오는지 생각해 보자.

아니마와 아니무스의 반란

페르소나와 아니마 또는 아니무스가 불균형을 이룰 수밖에 없는 상황에 처하면 이때 개인은 과하게 반응하기도 한다. 남자가 아니마를 강하게 만들어 남성스럽기보다 여성스럽게 될지도 모르고, 여자가 아니무스와 완전히 일치하면 여성스러운 특징은 사라지고 남성처럼 보일지도 모른다. 여장을 하려는 남성이나 나약한 동성애자 가운데 이 범주에 들어가는 사람이 있다. 남성이 아니마와 동일화되면 외과 수술 혹은 호르몬 요법을 이용해 육체적으로 여성이 되려 하는 경우도 있다.

본성의 미발달 이유

아니마나 아니무스의 원형들은 때로 위축되거나 발달이 덜 된 상태로 존재한다. 그 이유는 자신의 성(性)에 순응하는 것을 높게 평가하고, 남성 속의 여성스러움과 여성 속의 남성스러움을 경멸하는 문명에 있다. 이 경멸은 계집아이 같은 소년과 남자애 같은 소녀가 놀림감이 되는 아동기 시절에서 비롯된다. 소년은 문화적으로 규정된 남성의 역할, 소녀는 여성의 역할에 충실히 따르도록 기대받는다. 그 결과 페르소나가 윗자리에 서서 아니마와 아니무스를 질식시킨다.

팽창된 페르소나

건전한 발달을 위해서는 인격의 모든 면에 골고루 개성화의 기회를 주어야 한다. 인격의 일면을 소홀하게 여기는 사람은 비정상적으로 발달한다. 한 체계가 지나치게 팽창하면 인격 중 균형을 잃는 인격이 발생하고 만다.

어린이를 보살피는 사람이 인습적 행동 기준에 중점을 둔 경우를 가정해 보자. 그런 사람 밑에서 자란 아이는 좋아하지 않는 일을 좋아하는 척하며, 좋아하는 일을 좋아하지 않는 척하게 된다. 그 어린이는 전통적 가치 체계를 뒤쫓아 생각하고 행동하도록 강요받기 때문이다. 이런 성장 과정을 거친 사람은 행동하며 매번 자신을 의식하게 되고 열정, 활기, 자발성이 부족한 특징을 보인다. 그는 사회의 꼭두각시에 지나지 않는다.

최고의 우정과 사랑

모든 태도와 기능을 최대한 개성화해서 어느 것도 지나치게 억압하지 않음으로써 불균형을 최소한으로 줄일 수는 있다. 어느 한쪽으로 기울어지면 일반적으로 유해하고 비참한 결과가 생기게 마련이다. 개인 인격의 모든 태도와 기능이 발달하여 충분히 개성화된 두 사람 사이에서 비로소 가장 훌륭한 우정과 애정이 이뤄질 수 있다.

성장의 의미

청춘이 어수선한 이유는 바깥 세계와 신체적 근원에서 정신으로 많은 에너지가 흘러들어 가기 때문이다. 이를테면 생리학적 변화가 시작되고, 가족과의 유대가 느슨해지면서 새로운 경험을 수없이 한다. 엔트로피의 원리는 정신으로 흘러들어 가는 많은 에너지를 적절하게 처리하도록 신속한 작용을 하지 못한다. 그 까닭은 새로운 경험에 따라 지속적으로 새로운 가치가 만들어지기 때문이다. 엔트로피의 원리는 방금 만들어진 새로운 가치를 금방 처리하려고 하지만, 그 일이 끝나기도 전에 새로운 경험을 통해 새로운 가치가 나타난다.

또는 어떤 가치가 균형에 도달한다 해도 그때 제3의 가치가 나타남으로써 직전에 이뤄진 에너지 분배를 또다시 재분배하게 된다. 즉 불확실, 갈등, 불안정, 당혹감, 혼란, 불안의 감정이 투사되어 반역, 당황, 예측 불가능한 충동적 행동 등을 취한다. 그렇기에, 청년의 정신 속에 있는 에너지가 무질서한 찰나 동안은 무슨 일이든 일어날 수 있는 것이다.

인생 중반기 적응의 문제

인생 후반에는 그 시기 나름의 적응 문제가 있는데 대부분의 개인은 이에 대한 각오가 준비되어 있지 않다. 중년기로 접어들면 이전까지 외적 적응에 쓰던 에너지를 새로운 가치들로 바꿔야 하며 생활 또한 변화를 주어야 한다. 이는 순전히 물질주의적 과정을 뛰어넘어 개인의 정신적이고 문화적인 가치를 크게 하는 일을 말한다. 인생의 가장 큰 도전 중 하나는 청년기 동안 이룩한 물길에서 새로운 물길로 정신 에너지를 돌리는 일이다. 대부분 이 도전을 감당하기 버거워할 뿐더러 인생을 망가뜨리는 사람도 있다. 우울함과 공허함을 메울 수 있는 새로운 가치는 단순한 흥미 수준이어서는 안 된다.

상황과 기대의 불일치

책임 있는 생활을 할 때는 누구나 일종의 기대가 있다. 이 기대는 종종 무너지는데 이는 개인이 맞닥뜨리는 상황과 기대가 불일치하기 때문이다. 기대가 무너지는 또 다른 이유는 개인이 큰 기대를 품거나 지나치게 낙관적 또는 비관적이거나, 부딪히는 문제를 얕잡아보기 때문이다. 청년기에 발생하는 문제 전부가 직업이나 결혼처럼 외부 사정하고만 관련이 있지는 않다. 내적 문제도 생긴다. 성 본능에서 생기는 균형의 혼란이 문제를 일으키는 경우도 많고, 마찬가지로 극단적 과민성과 불안정에서 생기는 정신적 열등감도 문제가 된다.

아직 현실에 적응하지 못하고 뜻한 바를 이루지 않은 젊은이에게는 자기의 의식적 자아를 가능한 한 효과적으로 만드는 것, 즉 자기의 의지를 훈련하는 일이 가장 중요하다.

교육자의 영향력

융은 교육자들에게 아동기와 청년기의 정신 발달을 이해해야 한다고 여러 번 강조하였다. 교사가 학생의 인격 발달에 끼치는 영향은 지적 발달과 학업 성적에 있어 매우 중요하다. 따라서 교사가 되려는 사람은 자기 자신의 인격을 알아야만 한다. 그렇지 않다면 교단에 서서 자신의 콤플렉스 문제를 갖고 언제나 학생들에게 투사할 것이다. 부모의 정신적 문제를 반영하는 대상이 자식이듯 교사의 정신적 문제를 반영하는 대상은 학생이다.

모든 교사에게 분석 치료법을 받게 하는 일은 무리일 수 있지만, 적어도 교사라면 자기에게서 분출되는 무의식을 기록함으로써 자기 자신에 대해 배우고 스스로를 이해하는 데 최대한 힘써야 한다. 교사는 어린이의 개성화에 대해 부모보다도 강한 영향력을 행사할 수 있는 존재임을 잊지 말아야 한다.

트라우마

만일 어떤 사람의 성격이 예기치 못한 사이 변했다면 - 지킬 박사와 하이드처럼 - 가치의 재분배가 변화의 원인이다. 이 정도로 명백하지 않은 것이라도 행동에 대한 무의식적 가치의 영향은 늘 작용한다. 대개는 꿈의 내용이 무의식적 가치를 결정한다. 그리고 공포증, 강박관념, 강박행위 등의 정신병적 증상이 생기는 원인도 무의식적 가치 때문이다. 인격의 정신역학이 종종 정신병원과 정신과 의료실에서 가장 두드러지게 관찰되는 것은 그 때문이다. 범죄, 전쟁, 편견, 차별 등 범위가 넓은 현실에서도 예술, 종교, 신비주의 등을 통해 관찰될 수 있다.

퇴행이 유익한 순간

퇴행은 많은 민족적 지혜를 포함하고 있는 태고 유형에 활기를 주기 때문에 유익한 순간도 있다. 때로는 이 민족적인 지혜로 인해 인간은 현재 상황에 직면한 긴급한 문제를 해결할 수 있게 된다.

예를 들어, 인간은 절망적 상황에 닥치면 영웅의 태고 유형에서 용기를 얻을 수 있다. 융은 가끔 후퇴의 시기를 갖기를 권했는데 이는 삶에서 겪는 여러 문제들을 회피하기 위함이 아닌, 무의식에 저장된 새로운 에너지를 이용하기 위해서이다. 사실 우리가 밤마다 잠에 들 때도 그렇다. 잠은 무의식 속으로 내려가는 기회이자 무의식이 꿈에 나타나는 기회이다.

융은 '전진'과 '발달'을 헷갈리지 않도록 강조한다. 전진은 에너지가 흐르는 방향이며, 발달은 여러 구조의 분화(개성화)를 뜻한다. 퇴행과 전진은 마치 밀물과 썰물 같다. 전진과 퇴행이 여러 구조에 영향을 줌으로써 간접적으로 발달에 영향을 끼친다.

4 영혼의 과학

태초로부터 물려받은 이미지

원시의 이미지는 조상 대대로의 과거에서 물려받는 것으로 정신의 최초 발달 단계와 관련이 있다. 과거 조상은 인간 이전의 동물 조상도 포함하고 있다. 물론 이 이미지들이 그대로 유전되거나 개인이 의식적으로 기억하고 있거나 하지는 않는다. 이는 원시의 조상들이 경험한 세계가 우리의 무의식 안에 자리하고 있다는 뜻이며, 현재의 세계에 반응하는 소질 및 잠재적 가능성을 말한다.

이를테면 인간이 뱀에 갖는 공포 또는 어둠에 관한 공포를 생각해 보라. 이 경험은 공포를 강화시키는 경험이자 재확인하는 경험이다. 우리는 유전적으로 뱀이나 어둠에 대한 공포를 물려받았다. 우리의 아득한 조상들로부터 무수한 세대에 걸쳐 공포를 경험했기 때문이다.

심리 치료의 첫째 목적

인격은 인생에 맞닥뜨리는 고도의 용기이며, 개인을 구성하는 요소의 절대적 긍정이다. 또한 보편적인 생활 조건에 대한 가장 훌륭한 적응이며, 그와 동시에 최대 가능한 자기 결정의 자유이다.

심리 치료의 목적은 여기에 있다. 그중에서도 첫째가는 목적은 환자에게 보장이 없는 행복한 상태를 주는 것이 아니라 고난이 닥쳐도 흔들리지 않는 이성적 인내를 갖도록 돕는 데에 있다.

건전하고 안정된 정신

개인이 예상하지 못한 사태들에 모두 대비할 수 있다고 판단하는 일은 어리석다. 정신에 새로운 경험이 몰려들면 기존의 균형은 무너지게 마련이고, 이때 정신이 완전히 열려 버리면 혼돈에 빠지게 된다. 다시 균형 상태로 돌아가기 위해서는 정기적으로 자기 안에 깊이 몰입하는 일이 좋다.

그러나 새로운 경험 없이 단조로운 생활이 반복되면 권태와 무기력에 빠져 세상에 무감각해진다. 외부 세계로부터의 자극은 정신을 활기차게 만들어 주며 쾌활하고 강한 기분을 느끼게 해 준다. 인격이 건전하고 안정되어 있어야만 두 극단의 중간 지점에서 활약할 수 있다.

융의 리비도

정신 에너지는 인격이 일하기 위하여 사용되는 에너지를 말하며, 융에 의하면 이 에너지가 곧 리비도이다. 융은 자연 상태의 리비도를 허기짐, 갈증, 성적 욕구 및 정서와 같은 욕망으로 보았으며 이 욕망이 의식에서 노력과 소망 등으로 표현된다고 생각했다.

정신 에너지는 당사자의 경험에서 비롯되며, 뇌가 물리적 충격을 받는 드문 경우를 제외한다면 정신의 활동은 몸과 마찬가지로 계속된다. 융은 과학적으로 신체 에너지와 정신 에너지 사이에 상호작용이 있다고 생각했다. 예를 들어 신체에 화학 효과를 일으키는 약품은 심리적 기능의 변화를 일으키고, 생각과 감정은 생리학적 기능에도 영향을 준다. 다시 말해 정신 에너지는 신체 에너지로 바뀌고 신체 에너지는 정신 에너지로 바뀌는 것으로, 따라서 잠재적 힘들은 언제든지 현실적인 힘이 될 수 있다.

마음의 균형이 깨지는 순간

만사가 순탄하게 풀리는 상황에서 예상치 못한 사건이 일어나 균형이 깨지는 경험은 누구나 해 봤을 것이다. 사소한 자극도 안정된 정신 상태에 커다란 영향을 끼칠 수 있다. 이 점에서 보이듯 문제는 보충된 에너지의 양이 아니라 그 에너지가 정신 속에서 발생시키는 교란 효과이다. 교란 효과는 체계 안의 에너지가 재분배되면서 일어난다. 총알을 장전한 총의 방아쇠를 당기면 큰 참사가 벌어지는 것과 마찬가지로 정신이 불안정한 상태에서 아주 적은 에너지가 발생하면 당사자의 행동에 큰 변화가 일어난다. 아무것도 아닌 한마디라도 듣는 사람에 따라 과격한 정서 반응을 불러올 수 있다.

사고와 감정

'사고'는 사물을 이해하려는 지적 기능으로서, 일반적인 관념이나 문제 해결에 도달하는 역할을 한다. '감정'은 평가의 기능이며, 어떤 관념이 상쾌한 감정을 불러오는지 또 어떤 관념이 불쾌한 감정을 불러오는지에 따라 받아들일지 말지를 결정한다. 사고와 감정은 '합리적' 기능이라고 하는데 둘 모두 판단 행위를 필요로 하기 때문이다. 사고에서는 둘 이상의 관념 사이가 진정으로 연결되어 있는지 여부가 판단의 요소이며, 감정은 어떤 관념을 두고 유쾌함, 불쾌함, 아름다움, 재미있음, 지루함 등을 판단한다.

개인적 가치의 정도

자기 자신 또는 남을 관찰해서 얼마만큼의 시간과 에너지를 어떤 활동에 쓰는지를 보면 어디에 큰 가치를 두고 있는지를 어렵지 않게 알게 된다. 상대 가치를 판단하는 또 다른 방법은 여러 가지 것이 주어졌을 때 무엇을 고르는지 보는 방법이다. 또 목표에 도달하는 길에 장애물을 두고 그것을 극복하기 위한 노력의 정도를 보면 알 수 있다.

그 목표에 최소한의 가치만 두는 사람이라면 금방 포기한다. 자기의 꿈을 기록해 두면 가치를 크게 두는 것이 무엇인지 정확하게 판단할 수 있다.

감각과 직관

'감각'은 감각기관이 자극을 받을 때 생기는 모든 의식적 경험 - 시각, 청각, 후각, 미각, 촉각 및 몸 안에서 비롯되는 감각 - 을 포함한다. '직관'은 사고와 감정의 결과보다 직접적으로 주어지는 경험으로서 판단을 필요로 하지 않는다. 모든 감각은 자극의 근원을 설명함으로써 이해할 수 있다. 즉, '이가 아프다'든가 '사람이 보인다'와 같은 경우이다. 한편 직관은 갑자기 나타나는 것으로, 당사자는 그 직관이 어디서 왔는지 또 어떻게 발생했는지 모른다. '무슨 일이 일어날 듯하다'는 직관 또는 기분을 어떻게 알았느냐는 질문을 받으면 '왠지 그런 기분이 들었다'라든가 '어찌됐든 그랬다'라고만 대답할 수 있다. 기분은 미지의 자극에 근거를 두고 있다. 그래서 직관은 제6감 또는 초감각적 지각이라고도 한다.

이성을 필요로 하지 않는 감각과 직관은 개인에게 영향을 미치는 자극의 흐름에서 발달하는 심적 상태이다. 이 흐름에는 방향 또는 지향성이 없으며 사고와 감정이 가지고 있는 목표도 없다. 현재의 자극에 따라 무엇을 감각하느냐가 달라질 뿐이다. 이 둘은 '비합리적' 기능으로, 융이 말하는 '비합리'는 이성에 대치되는 것이 아니다.

심리학적 '기능'은 태도만큼이나 중요하다

심리학적 기능에는 사고, 감정, 감각, 직관의 네 가지가 있다. 융은 이 네 가지 기능의 유형들은 의식이 경험에 대해 지향하는 네 가지 방법과 같다고 간단하게 정의한다. '감각'은 무엇이 존재함을 알려 주고 '감정'은 그것이 유쾌한지 불쾌한지를 알려 주며 '직관'은 그것이 어디에서 와서 어디로 가는가를 알려 주고 '사고'는 각 기능들을 이해하도록 한다.

각 기능의 특징은 그것이 외향성과 결합하느냐 내향성과 결합하느냐에 따라 달라지므로 개별적으로 논의할 필요가 있다. 융은 그 결합들을 외향적 사고, 내향적 사고, 외향적 감정, 내향적 감정, 외향적 감각, 내향적 감각, 외향적 직관, 내향적 직관의 여덟 가지로 보았다.

주요 기능과 보조 기능

인간은 외향적인 동시에 내향적이며 모든 기능을 여러 가지 비율로 사용할 때가 많다. 그렇지만 일반적으로 두 유형이 완벽히 균형을 이루는 경우는 드물다. 이와 동일하게 개인은 한 가지 기능을 다른 기능들보다 많이 쓰고 있을 것이다. 주된 기능 외에 나머지는 한 사람에게 보조 기능으로써 기여한다. 보조 기능은 그 자체로 독립성이 있는 것이 아니므로 주요 기능과 대립하지 못한다. 심리학의 네 가지 기능 가운데 사고와 감정은 합리적 보조 기능이 되지 못하며 감각과 직관의 두 비합리적 기능도 마찬가지다. 반면에 감각 또는 직관은 사고 또는 감정의 보조기관이 될 수 있으며 사고와 감정의 기능 역시 감각과 직관의 보조기관이 될 수 있다.

외향적 사고

어떻게 씨앗이 싹을 틔우고 식물로 자라는가, 물을 어느 온도까지 데우고 어떤 과정을 거쳐 증기가 되는가, 언어는 어떻게 학습하는가를 설명하는 데 관심이 큰 사람들이 있다. 이 유형은 문제를 해결하는 사람들로, 일생에서 객관적 사고를 가장 중요하고 지배적인 위치에 올려놓는다. 외향적으로 생각하는 사람들은 상대적으로 실천적이고 실제적이다.

이 유형의 표본은 객관적 세계를 배우는 데 노력을 아끼지 않는 과학자이다. 그의 목적은 자연 현상의 이해, 자연법칙의 발견, 이론 구성이다. 외향적으로 생각하는 사람은 자기 안의 감성적 측면을 억압하기 쉬우며, 만일 억압이 강하면 편견이 생기거나 기이한 성격을 갖기도 한다. 감정을 자연스럽게 분출하지 못하면 독재적이고, 고집쟁이에, 허세를 휘두르며, 미신적이며 비판을 수용하지 못하는 사람이 된다. 때문에 사고 또한 빈약하고 메마르기 쉽다.

내향적 사고

 심적 세계에 대해 생각하고, 관념 그 자체 때문에 관념에 흥미를 갖는 사람을 내향적이라고 한다. 그가 외부 세계를 탐구하는 이유는 자기의 관념을 확실히 증명할 수 있는 사실을 발견하기 위해서이다. 과학에서는 이를 연역적 생각이라고 부른다. 내향적 생각은 외부 세계와의 관련 유무를 구시하고 관념에 관해 반복해서 새기는 일을 계속한다.

 이 유형은 주관적이며 생각이 내면을 향해 있다. 자신이 존재하는 현실을 이해하려는 철학자나 실존 심리학자를 표본으로 볼 수 있다. 그들에게는 외향적 사고형과 동일한 특성이 많이 보인다. 억압되어 무의식 속에 있는 감정으로부터 자기 자신을 보호하려는 생각 때문이다. 그들은 감동을 잘 받지 못하며 쌀쌀맞게 보인다. 그들이 중요하게 여기는 가치는 인간에게 있지 않으며 다른 사람들에게 자기의 생각을 인식시키는 일에 별로 관심이 없다. 그들은 고집이 세고, 완고하고, 분별없고, 거만하고, 쌀쌀한 경우가 많다. 내향적 사고가 극단적으로 강화되면 현실과 점차 단절되어 결국 정신분열증에 걸릴지도 모른다.

외향적 감정

외적 또는 객관적 기준에 좌지우지되는 유형으로 이성보다 감정을 우위에 둔다. 변덕을 심하게 부리는 경우가 많은데 이는 상황이 변함에 따라 감정도 달라지기 때문이다. 외향적 감정형은 상황에 약간의 변화만 생겨도, 감정의 변화가 겉으로 드러난다. 그들은 잘난 체하며, 감정에 휘둘리고, 사치를 좋아하고, 기분파이다. 그들은 사람들에게 강한 애착을 표하지만 그 애착은 허무하며, 사랑은 순식간에 미움으로 변한다. 그들의 감정은 아주 평범한 동시에 늘 최신 유행하는 것과 오락을 좇는다. 그런 사람들은 어떤 대상에 대해 전통의 미적 기준에 얼마나 일치하느냐에 따라 미추를 느끼기 때문에, 외향적 감정은 인습적이거나 보수적이 되기 쉽다. 사고 기능이 몹시 억압을 받고 있을 때는 사고 과정이 원시적이며 미발달인 상태가 되기 쉽다.

내향적 감정

표현할 때 과장하는 외향적 감정형과 달리, 내향적 감정형은 남들에게 자기의 감정을 드러내지 않는다. 말수가 적고, 접근을 쉽게 허락하지 않으며 무관심하고, 그 마음을 예측하기 어렵다. 우울 또는 의기소침해 보이는 경우도 있지만 한편으로는 침착함, 강한 자부심, 내적 조화를 이루는 경우도 있다. 종종 그들은 타인의 눈에 신비스러운 힘 또는 카리스마가 있는 것처럼 보인다. 그들은 '조용한 물이 깊다'는 말을 듣는 사람이다. 실제로 매우 깊고 뜨거운 감정이 숨어 있기 때문에, 이따금 그 폭발이 격정적으로 폭풍처럼 밀어 닥쳐 주변 사람들을 깜짝 놀라게 한다.

내향적 사고처럼 내향적 감정은 특히 태고 유형에서 발생하는 이미지에 따라 생긴다. 내향적 감정은 창조적, 독창적, 비정상적으로 흐르는 경향이 있는데, 일반적

통념과 다르기 때문에 다소 기이하게 보이기도 한다.

외향적 감각

개인이 어떤 객관적 현실에 부딪혔는지에 따라 '외향적 감각'이 결정된다. 외향적 감각형은 외부 세계에 관한 사실들을 모으는 데 흥미가 있으며 주로 남성에게서 볼 수 있다. 그들은 현실주의적이며 빈틈이 없고 실제적이지만, 사실이 뜻하는 바에 대해 큰 관심을 두지는 않는다. 미래에 대해서도 그다지 깊이 생각하지 않으며 세상을 있는 그대로 받아들인다. 그들의 감정은 깊이가 없으며 인생에서 끌어낼 수 있는 감각에 충실하게 살고 있을 뿐이다. 관능을 구하는 성향 때문에 극단적이 되면 여색에 빠지거나 여러 종류의 중독, 도착, 강박에 노출되기 쉽다. 행동하는 데 거리낌이 없으며 위험을 즐기는 경우도 있고 또는 차분한 탐미주의자가 되기도 한다.

내향적 감각

이들은 대개의 내향적인 사람들처럼 외적 대상과 거리를 두고서, 자기 자신의 정신적 감각에 충실하다. 그들은 자기의 내적 감각에 비해서 외부 세계는 평범하기 그지없으며 지루하다고 여긴다. 예술을 통해 표현할 때를 빼고는 자기 자신을 표현하는 일에 어려움을 느끼는데 그들이 만들어 낸 것은 무의미하고 공허하다. 그들은 남들에게 늘 조용하고 수동적으로 행동하며 자제력을 갖춘 듯이 보이지만, 실제로는 그 순간 무관심할 뿐이다. 이는 사고와 감정에 결함이 있기 때문이다. 내향적 감각은 주관적 현실에 직면했을 때 어느 특정한 시점에 따라 결정된다.

외향적 직관

모든 객관적 상황의 가능성을 찾아내려 하는 유형으로 외부 세계에서 새로운 가능성을 지속해서 발견하려 한다. 외향적 직관은 대상에서 대상으로 분주히 돌아다니며, 경솔함과 불안정함이 특징이다. 그들은 한 세계를 다 정복하기도 전에 다른 세계를 찾아 나선다. 좋은 일을 기대하고 열정을 다해 새로운 관계에 뛰어들지만, 잇달아 일어나는 직관에 의해 생명을 헛되이 쓰고 만다.

새로운 기업과 이론의 추진자로 각별히 수고로움을 아끼지 않는 경우라도, 정해진 일에는 쉽게 싫증을 느껴 버리기 때문에 역시 오래가지 못한다. 취미는 다양하지만 금방 싫증을 내고 믿음직한 친구를 만들지도 못한다. 관계가 오래가지 않으므로, 의도한 바는 아니지만 이따금 사람들을 귀찮게 한다. 사고 기능에 결함이 있으므로 자기의 직관을 일관되게 좇지 못해, 새로운 직관에 덤벼야 한다.

내향적 직관

이 유형의 대표자들은 곧 예술가들이다. 몽상가, 예언가, 기인, 망상가 등도 여기에 속한다. 주변 사람들은 내향적 직관형인 사람을 종종 수수께끼의 인물로 보며, 당사자는 남들에게 이해받지 못하는 천재인 줄 생각한다. 그는 외부 현실이나 관습과 접촉을 잇지 않으므로 같은 유형의 사람들과도 의사소통을 충분히 하지 못한다. 그는 원시적 이미지 세계 속에 갇혀 있는데, 그들 자신도 그 이미지의 뜻을 모른다. 외향적 직관형과 마찬가지로 새로운 가능성을 찾아 이 이미지에서 저 이미지로 뛰어다니지만, 실제로 자기 직관을 전혀 발달시키지 못한다. 좋은 직관을 갖는다고 해도 한 이미지에 오래 흥미를 두지 못하기 때문에 내향적 사고형처럼 정신 과정을 이해하는 일에 크게 공헌하지도 못한다.

행동을 결정하고 지배하는 힘

어떤 관념 또는 감정에 높은 가치를 둔다는 것은 당사자의 행동을 결정하고 지배하는 데 큰 힘이 있다는 뜻이다. 아름다움에 높은 가치를 두는 사람은 주위에 아름다운 것을 두고 아름다움을 찾을 수 있는 곳으로 여행하고 아름다운 예술작품을 만드는 일에 많은 에너지를 쓸 것이다. 그러나 높게 평가하는 가치가 아름다움에 있지 않은 사람은 이런 종류의 일을 전혀 하지 않는다.

정신 에너지의 절대 가치는 결정할 수 없어도 다른 가치와 비교하는 상대 가치는 선택할 수 있다. 즉 정신 가치를 측정할 때 아름다움 또는 사람, 지식 또는 권력, 재물 또는 벗 중에 무엇을 선택할지 우리 자신에게 물어볼 수 있다.

에너지 보존의 법칙

하나의 정신적 요소에 맡겨진 에너지의 양이 줄거나 없어지면 다른 정신적 요소에 같은 양의 에너지가 나타난다. 정신에서는 에너지가 없어지는 일이 없다. 다른 위치로 이동할 뿐 실제로 에너지는 몇 개의 요소 사이에 분배된다. 물리학을 배운 사람이라면 알겠지만, 이는 열역학의 제1법칙 또는 에너지 보존의 법칙이다.

정신이 무엇을 하기를 멈추면 그 대신 다른 무엇을 하기가 쉬워진다. 어떤 소년이 모형 비행기, 경찰 놀이, 만화책, 장난감 등에 대해 흥미가 없어지면 대신 자동차, 소설, 소녀에 흥미가 생긴다고 예상할 수 있다. 어떤 대상에 대한 흥미가 없어지면 다른 대상에 대한 흥미가 발생한다. 피로로 인해 잠에 빠져 있을 때도 마음은 복잡한 환각을 계속 만들어 낸다. 낮에 생각, 감상, 행동을 위해 사용된 에너지는 밤이 되면 꿈을 꾸는 데 사용된다.

인생의 가장 큰 경험

"사람의 정신이 얼마나 크게 다른지를 알아낸 일이 인생에서 겪은 가장 큰 경험 중 하나이다. 그것은 신경병 치료에 종사한 정신과 의사가 20년간에 걸쳐 겪은 수많은 인상적 경험, 사회 각계각층에 분포한 남녀의 교제, 친구를 비롯한 적과의 사적 관계, 그리고 심리학적 특이성의 비판을 바탕으로 내 머릿속에서 서서히 자리를 잡고 이루어져 간 연구 결과이다. 단, 유형은 범주이기 때문에 그 범위 안에 있는 사람들은 비슷하지만 특징이 같지는 않다. 같은 범주에 들어 있는 사람 중 임의로 두 사람을 골라서 보면 그 '인격의 원형'이 완전히 같지 않음을 알게 된다."